Mercado Financeiro

TEORIA, QUESTÕES COMENTADAS E MAIS DE 100 QUESTÕES PROPOSTAS

Preencha a **ficha de cadastro** no final deste livro
e receba gratuitamente informações
sobre os lançamentos e as promoções da Elsevier.

Consulte também nosso catálogo completo,
últimos lançamentos e serviços exclusivos no site
www.elsevier.com.br

SÉRIE PROVAS E CONCURSOS

Mercado Financeiro

TEORIA, QUESTÕES COMENTADAS E MAIS DE 100 QUESTÕES PROPOSTAS

Anderson Meneses
Fabrício Mariano

ELSEVIER

CAMPUS CONCURSOS

Copidesque: Maria da Gloria Silva de Carvalho
Revisão Gráfica: Wilton Fernandes Palha Neto
Editoração Eletrônica: SBNigri Artes e Textos Ltda.

Coordenador da Série: Sylvio Motta

Elsevier Editora Ltda.
Conhecimento sem Fronteiras
Rua Sete de Setembro, 111 – 16º andar
20050-006 – Centro – Rio de Janeiro – RJ – Brasil

Rua Quintana, 753 – 8º andar
04569-011 – Brooklin – São Paulo – SP – Brasil

Serviço de Atendimento ao Cliente
0800-0265340
sac@elsevier.com.br

ISBN 978-85-352-4434-2

Nota: Muito zelo e técnica foram empregados na edição desta obra. No entanto, podem ocorrer erros de digitação, impressão ou dúvida conceitual. Em qualquer das hipóteses, solicitamos a comunicação ao nosso Serviço de Atendimento ao Cliente, para que possamos esclarecer ou encaminhar a questão.

Nem a editora, nem o autor assumem qualquer responsabilidade por eventuais danos ou perdas a pessoas ou bens, originados do uso desta publicação.

CIP-Brasil. Catalogação-na-fonte.
Sindicato Nacional dos Editores de Livros, RJ

M499m Meneses, Anderson
Mercado financeiro: teoria, questões comentadas e mais de 100 questões propostas / Anderson Meneses e Fabrício Mariano. – Rio de Janeiro: Elsevier, 2011.
200 p. – (Provas e concursos)

Inclui bibliografia
ISBN 978-85-352-4434-2

1. Mercado financeiro. 2. Instituições financeiras. 3. Finanças. 4. Serviço público – Brasil – Concursos. I. Mariano, Fabrício. II. Título. III. Série.

10-6566.

CDD: 332.63
CDU: 336.76

Dedicatórias

A minha esposa Heloísa, sempre ao meu lado, e a toda a minha família.

Dedico especialmente a Durvalina Alvarenga (*in memoriam*), minha avó materna e madrinha, alguém que sempre me apoiou e com quem muito aprendi. Sua bênção!

"Melhor é acender uma vela do que amaldiçoar a escuridão."
(Provérbio chinês)

Anderson Meneses

A minha namorada Marinéa, pelo amor, incentivo e presença. Aos meus pais, Salete (*in memorian*) e Geraldo, pela educação, exemplo e incentivo ao estudo, que foram a base para me tornar a pessoa que sou. A minha irmã Cristiani, pelo amor, companheirismo e amizade que sempre me acompanham.

"O fator decisivo para vencer o maior obstáculo é, invariavelmente, ultrapassar o obstáculo anterior." (Henry Ford)

Fabrício Mariano

Agradecimentos

Ao amigo Fabrício Mariano, com quem tenho a honra de estar dividindo mais um projeto. Ao professor Sylvio Motta e a todos os colaboradores da Editora Campus/Elsevier, pela presteza, atenção e profissionalismo.

Anderson Meneses

A minha namorada Marinéa, pelo auxílio técnico. Ao amigo Anderson Menezes, pela parceria em dividir comigo este projeto. Ao professor Sylvio Motta e a Raquel Zanol, pelo fortalecimento da parceria ao lançarmos mais uma obra. Aos colaboradores da Editora Campus/Elsevier, por estarmos juntos mais uma vez e pela presteza e atenção dispensadas.

Fabrício Mariano

Os Autores

Anderson Meneses

- Doutor em Engenharia Nuclear pela Coppe/UFRJ e IDSIA/Universidade de Lugano (Suíça).
- Mestre em Engenharia Nuclear pela Coppe/UFRJ.
- Especialista em Análise, Projeto e Gerência de Sistemas pela PUC-Rio.
- Graduado em Física pela UFRJ.
- Ex-aluno do Colégio Pedro II.
- Atua há mais de dez anos como professor, sete dos quais também dedicados ao ensino superior.
- Membro da IEEE Nuclear and Plasma Sciences Society.
- Autor de publicações internacionais na área de Engenharia Nuclear.
- Palestrante em congressos no Brasil, Itália, Espanha, Alemanha e Estados Unidos.

Fabrício Mariano

- Mestre em Economia pela Wisconsin International University.
- Pós-graduado em Finanças e Gestão Corporativa pela Ucam – Universidade Cândido Mendes.
- Graduado em Física pela Universidade Federal do Rio de Janeiro – UFRJ.
- Ensino Fundamental e Médio – Colégio Pedro II.

- **Cursos de aperfeiçoamento nas áreas de:**
  - Derivativos (Associação Nacional das Instituições do Mercado Financeiro – Andima).

- Finanças Empresariais (Fundação Getulio Vargas – FGV).
- Gestão do Serviço Público (Fundação Getulio Vargas – FGV).
- Atendimento ao Público (Interlegis).
- Lei de Responsabilidade Fiscal (Unilegis).
- Estatísticas I e II (Cecierj – UERJ).
- Análises combinatórias I e II (Cecierj – UERJ).
- Educação Matemática (Instituto de Matemática – UFRJ).
- Magnetismo Experimental (CBPF – Centro Brasileiro de Pesquisas Físicas).
- Física Moderna e Contemporânea (UFF – Universidade Federal Fluminense).

- Professor de diversos cursos preparatórios no Rio de Janeiro e em Juiz de Fora, entre eles Academia do Concurso Público, Curso IARJ, Companhia dos Módulos, Curso Plenarius e Curso Logos.

Apresentação

Abordamos nesta obra conceitos fundamentais do mercado financeiro: o Sistema Financeiro Nacional, os Mercados Financeiros de Crédito, de Capitais, Monetário e de Câmbio.

Apresentamos também os principais tópicos sobre Sistema Bancário, *factoring*, *leasing*, Seguros Privados e Títulos Públicos para concursos. Parte da obra também se destina ao detalhamento das operações de Bolsas de Valores, Derivativos e Câmbio em capítulos especialmente dedicados a esses assuntos.

As mais de 220 questões de concursos, entre comentadas e com gabarito, foram selecionadas para complementar a parte conceitual, sendo essenciais para apoio aos estudos e à preparação de candidatos aos concursos de instituições como o Banco do Brasil, Banco Central, Caixa Econômica Federal, Comissão de Valores Mobiliários (CVM), Susep e IRB, entre outras.

Desejamos sucesso na trajetória de todos os candidatos e na conquista de seus objetivos.

Os Autores

Abreviaturas e Acrônimos

ACC – Adiantamento em Contrato de Câmbio

Bacen – Banco Central

BM – Base Monetária

CAM – Caixa das Autoridades Monetárias

CEF – Caixa Econômica Federal

Cetip – Câmara de Custódia e Liquidação

CCS – Cadastro de Clientes do Sistema Financeiro Nacional

CDB – Certificado de Depósito Bancário

CDI – Certificado de Depósito Interfinanceiro

Copom – Comitê de Política Monetária do Banco Central

CMN – Conselho Monetário Nacional

CNSP – Conselho Nacional de Seguros Privados

CVM – Comissão de Valores Mobiliários

FGC – Fundo Garantidor de Crédito

IF – Instituição Financeira

IRB – Instituto de Resseguros do Brasil

PME – Papel Moeda Emitido

PMPP – Papel Moeda em Poder do Público (não bancário)

RDB – Recibo de Depósito Bancário

S.A. – Sociedade Anônima

SCI – Sociedade de Crédito Imobiliário

Selic – Sistema Especial de Liquidação e Custódia

SFN – Sistema Financeiro Nacional

SNSP – Sistema Nacional de Seguros Privados

STJ – Superior Tribunal de Justiça

Susep – Superintendência de Seguros Privados

TRA – Termo de Recebimento e Aceitação

Sumário

Capítulo 1

Fundamentos: Sistema Financeiro Nacional, Conselho Monetário Nacional, Banco Central e Moeda

1.1. SISTEMA FINANCEIRO NACIONAL (SFN)

O SFN é o conjunto de instituições que tem como objetivo manter o fluxo de recursos entre os agentes superavitários e deficitários, assim como a estrutura e confiança da moeda.

1.1.1. Legislação Básica

A Legislação bancária sofreu algumas modificações no decorrer do tempo, tais como:

- Lei nº 4.595/1964: Reforna do SFN – criação do CMN e do Bacen;
- Lei nº 6.385/1976: criação da Comissão de Valores Mobiliários – assumiu a regulamentação e fiscalização do mercado de capitais;
- Lei nº 6.404/1976: Lei das Sociedades Anônimas.

1.1.2. Subdivisões do SFN

O SFN é subdividido em dois subsistemas: o normativo e o de intermediação.

O subsistema normativo é composto de instituições que regulam o SFN, como o Bacen, a Susep, entre outros

Os bancos comerciais e de investimento, as sociedades de crédito, financiamento e investimento fazem parte do subsistema de intermediação.

1.1.3. Cadastro de Clientes do SFN (CCS)

Trata-se de um sistema informatizado, centralizado no Bacen, que permite indicar onde os clientes de instituições de instituições financeiras mantêm bens, direitos e valores, diretamente ou por seus representantes legais e procuradores. O CCS mantém também contas de depósito à vista, de poupança e de investimento.

De acordo com o Bacen, seu principal objetivo é auxiliar nas investigações financeiras conduzidas pelas autoridades competentes, mediante requisição de informações pelo Poder Judiciário ou por outras autoridades, quando devidamente legitimadas.

O Superior Tribunal de Justiça terá acesso aos mecanismos de consulta do CCS como forma de agilizar o exercício da prestação jurisdicional.

1.1.4. Sociedade de Crédito Imobiliário (SCI)

As SCIs são instituições financeiras integrantes do Sistema Financeiro Nacional, especializadas em operações de financiamento imobiliário e constituída sob a forma de sociedade anônima.

Atividades de uma SCI

- letras imobiliárias;
- letras hipotecárias;
- depósitos de poupança.

Facultado a uma SCI

Operar em todas as unidades administrativas nas normas relativas ao direcionamento dos recursos captados em depósitos de poupança.

1.2. CONSELHO MONETÁRIO NACIONAL (CMN)

O CMN, criado pela Lei nº 4.595, de 31/12/1964, tem poder deliberativo ou normativo do SFN, expedindo normas e diretrizes gerais para seu bom funcionamento. O CMN é responsável pela fixação das diretrizes das políticas monetárias, creditícia e cambial do país.

Comissões que fazem parte do CMN

- Comissão de crédito rural.
- Comissão do endividamento público.
- Comissão de normas.
- Organização do SFN.

Composição do CMN

O conselho monetário Nacional é constituído pelos seguintes membros:

- Ministro de Estado da Fazenda (presidente do conselho).
- Ministro de Estado do Planejamento, Orçamento e Gestão.
- Presidente do Banco Central do Brasil.

Objetivos do CMN

- Adaptar o volume dos meios de pagamento a economia nacional.
- Regular o valor interno da moeda.
- Regular o valor externo da moeda e o equilíbrio no balanço de pagamento do país.
- Orientar a aplicação dos recursos das instituições financeiras, quer públicas, quer privadas.
- Propiciar o aperfeiçoamento das instituições e dos instrumentos financeiros, com vistas à maior eficiência do sistema de pagamentos e de mobilização de recursos.
- Zelar pela liquidez e solvência das instituições financeiras.
- Coordenar as políticas monetária, creditícia, orçamentária, fiscal e da dívida pública, interna e externa.
- Autorizar emissões de papel moeda.
- Aprovar orçamentos monetários preparados pelo Banco Central do Brasil.

1.3. BANCO CENTRAL (BACEN)

O Bacen consiste em uma autarquia federal, vinculada ao Ministério da Fazenda que tem como premissa zelar pela estabilidade da moeda.

1.3.1. Funções Típicas do Bacen

O Bacen é um órgão executor, ou seja, executa o que o conselho monetário determina.

Vejamos algumas funções típicas do Bacen:

- Emissor de papel-moeda e controlador da liquidez

O Bacen detém o monopólio de emissão de papel-moeda e de cunhagem de moeda metálica. Controla também a quantidade de papel-moeda em circulação, isto é, o tamanho da base monetária. É sua função também inibir a criação de moeda pelos bancos comerciais controlando, assim, a liquidez da economia.

- Banqueiro dos bancos

O Bacen é responsável pela compensação de cheques, pela realização do transporte de cédulas e moedas metálicas aos bancos e pela manutenção de parte das reservas dos bancos. Entre outras atividades, há o auxílio ao sistema bancário – o Bacen deve socorrer os bancos comerciais e IFs em dificuldade, concedendo liquidez aos mesmos através de empréstimos ou redesconto de títulos.

- Regulador do SFN

O Bacen regula bancos comerciais e IFs – tais como bancos de investimento, supervisionando os negócios bancários para proteger os depósitos dos clientes e para garantir a solvência de cada banco, em particular de forma a impedir possíveis riscos sistêmicos.

O Bacen pode exigir capital mínimo para instalação de um banco, bem como estabelecer limites para certas operações com intuito de impedir que os bancos se exponham.

- Depósitos de reservas internacionais

O Bacen pode deter grande parte das reservas internacionais do país, bem como reter moeda estrangeira para atender a demanda daqueles que têm compromisso de saldar dívidas no exterior e evitar possíveis situações de escassez de divisas, que elevam a taxa de câmbio. Também controla a taxa de câmbio realizando operações de compra e venda. Parte de suas reservas é investida em títulos do Tesouro americano. O Banco Central e o banco comercial podem criar meios de pagamento. A quantidade ofertada de base monetária é estabelecida pelo Bacen.

1.3.2. O Bacen e a Constituição Federal de 1988

Art. 164 da Constituição Federal de 1988:

> Art. 164. A competência da União para emitir moeda será exercida exclusivamente pelo banco central.
> § 1º – É vedado ao banco central conceder, direta ou indiretamente, empréstimos ao Tesouro Nacional e a qualquer órgão ou entidade que não seja instituição financeira.
> § 2º – O banco central poderá comprar e vender títulos de emissão do Tesouro Nacional, com o objetivo de regular a oferta de moeda ou a taxa de juros.
> § 3º – As disponibilidades de caixa da União serão depositadas no banco central; as dos Estados, do Distrito Federal, dos Municípios e dos órgãos ou entidades do Poder Público e das empresas por ele controladas, em instituições financeiras oficiais, ressalvados os casos previstos em lei.

Dispositivos para Atuação do Bacen

A Constituição de 1988 consagra dispositivos vitais para a atuação do Bacen, entre eles:

- Exercício exclusivo da competência da União para emitir moeda.

- Necessidade de aprovação prévia pelo Senado dos designados pelo presidente da República para os cargos de presidente e diretores.
- Vedação na concessão direta ou indireta de empréstimos ao Tesouro Nacional.

O Bacen pode controlar diretamente a BM ou o multiplicador monetário.

Veremos como a porcentagem de depósitos à vista recolhidos ao Bacen é representativo de suas decisões e de que modo os bancos administram seus ativos e passivos.

1.3.3. Manual de Normas e Intenções (Mini)

O Mini consiste em um manual preparado pelo Bacen para estabelecer as normas operacionais de todas as IFs.

1.4. MOEDA

A moeda de maneira geral pode ser definida como a luta pela riqueza em interação com os agentes financeiros, sendo representada, assim, pelos ativos financeiros M1, M2, M3 e M4 (*ver* tópico 1.4.3). A moeda também possui características e função.

1.4.1. Características Físicas da Moeda

- Divisível – deve ter múltiplos e submúltiplos.
- Durável – deve ser de difícil deteriorização.
- Difícil de falsificar – aceitação generalizada.
- Manuseável e transportável – para que a função *meio de troca* não seja prejudicada.

1.4.2. Funções da Moeda

- Meio de troca – A moeda como meio de troca ou meio de pagamento é sua representação concreta.
- Unidade de conta – Podemos verificar que os contratos entre firmas, bancos e pagamentos se estabelece por fluxo de mercadorias e/ou serviços contra pagamento (em uma determinada data). Os contratos não poderiam existir sem uma unidade de conta que possibilite a determinação da quantidade de unidades monetárias que liquidariam suas obrigações.

- Função de reserva de valor – Decorre da existência de amplos mercados futuros e à vista na economia. No momento em que um agente econômico recebe recursos na forma monetária, ele ganha direito de reter poder de compra, em tese, sem temer perdas.

1.4.3. Base Monetária

É o estoque líquido de papel-moeda emitido pelo Bacen ao longo do tempo. É também definida como o total de moeda colocada em circulação (por vezes denominada estatística M_0). E é representada, na verdade, por uma cesta de ativos financeiros.

Definição Matemática de Base Monetária

Base monetária (BM) = PMPP (Papel-moeda em Poder do Público não bancário) + reservas (M1, M2, M3, M4)

M1 = PMPP + DVBacen
M2 = M1 + depósito a prazo + títulos públicos
M3 = M2 + depósitos em poupança
M4 = M3 + títulos privados

1.4.4. Ativos na Economia

Os ativos, segundo o economista John Hicks, são classificados em três categorias de acordo com sua liquidez.

1) *Ativos plenamente líquidos* – moeda manual e escritural;
2) *Ativos líquidos* – títulos públicos, obra de arte (possuem planos de revenda);
3) *Ativos ilíquidos* – máquinas (ativos de capital) adquiridas pelas empresas e bens de duração demandada por seus consumidores.

1.5. CASA DA MOEDA

A Casa da Moeda é uma empresa pública vinculada ao Ministério da Fazenda. Sua função é produzir ou fabricar o papel-moeda que será utilizado no país. O Bacen define a quantidade de moeda que será colocada em circulação. Podemos dizer que emitir moeda é o ato de o Bacen colocar moeda em circulação.

1.6. QUESTÕES COMENTADAS

1. **(FCC/Banco do Brasil/2006) O Conselho Monetário Nacional constitui a autoridade maior na estrutura do sistema financeiro nacional. Dentre as suas competências, é correto afirmar que:**
   a) concede autorização às instituições financeiras, a fim de que possam funcionar no país;
   b) efetua o controle dos capitais estrangeiros;
   c) regula a constituição, o funcionamento e a fiscalização das instituições financeiras;
   d) fiscaliza o mercado cambial;
   e) recebe os recolhimentos compulsórios das instituições financeiras.

Comentário:

São competências do CMN:

- Estabelecer as diretrizes gerais das políticas monetária, cambial e creditícia;
- Regular as condições de constituição, funcionamento e fiscalização das instituições financeiras;
- Disciplinar os instrumentos de política monetária e cambial.

Gabarito: C.

2. **(FCC/Banco do Brasil/2006) Não se refere a uma competência do Banco Central do Brasil:**
   a) exercer a fiscalização das instituições financeiras;
   b) executar os serviços do meio circulante;
   c) emitir moeda-papel e moeda metálica;
   d) receber os recolhimentos compulsórios;
   e) fixar as diretrizes e normas da política cambial.

Comentário:

São algumas atribuições do Bacen:

- Emissão de papel-moeda;
- Recolhimento de compulsório dos bancos comerciais;
- Execução de serviços do meio circulante;
- Emissão de títulos de responsabilidade própria;
- Estabelecimento da dinâmica operacional das IFs;
- Observação da interferência de empresas no mercado financeiro;
- Controle do fluxo de capitais estrangeiros, entre outros.

No entanto, segundo a Constituição Federal (Cap. II, art 4º), é função do CMN fixar as diretrizes e normas da política cambial.

Gabarito: E.

3. (Cesgranrio/Banco do Brasil/2010) O Sistema Financeiro Nacional (SFN) é constituído por todas as instituições financeiras públicas ou privadas existentes no país e seu órgão normativo máximo é o(a):

a) Banco Central do Brasil;
b) Banco Nacional de Desenvolvimento Econômico e Social;
c) Conselho Monetário Nacional;
d) Ministério da Fazenda;
e) Caixa Econômica Federal.

Comentário:

O CMN é o órgão máximo do SFN e é responsável pela fixação das diretrizes das políticas monetárias, creditícia e cambial do país.

Gabarito: C.

1.7. QUESTÕES PROPOSTAS

1. Uma das características da moeda pode ser:

a) meio de troca;
b) reserva de valor;
c) unidade de conta;
d) indivisibilidade;
e) durabilidade.

2. Uma das funções da moeda pode ser representada por:

a) divisibilidade;
b) indivisibilidade;
c) durabilidade;
d) transportável;
e) reserva de valor.

3. São características da base monetária (BM):

I. Títulos privados não fazem parte da base monetária.
II. Títulos públicos fazem parte da base monetária.
III. Depósito a prazo faz parte da base monetária.
IV. A base monetária é representada por ativos.

Estão corretos os itens:

a) I, II;
b) I, II, III;
c) II, III, IV;
d) I, III;
e) I, V.

4. O papel-moeda em poder do público não bancário (PMPP) em regra é todo ativo que não pertence ao mercando interbancário, pois este se encontra fora deste. Podemos então caracterizar como PMPP:

a) depósitos à vista no banco;
b) retirada de dinheiro no banco por um indivíduo;
c) aplicação em títulos do governo;
d) aplicação em ações;
e) depósitos a prazo.

5. O que compõe os meios de pagamento?

a) papel-moeda – depósito à vista – depósito no exterior;
b) papel-moeda – depósitos a prazo – depósitos em bancos comerciais;
c) dólar – moeda e papel-moeda;
d) papel-moeda + depósitos à vista + depósitos a prazo + depósitos na caderneta de poupança;
e) papel-moeda + dólar + depósitos no exterior.

6. Ao Bacen atribui-se a função de:

a) deliberar sobre a constituição das IFs;
b) realizar operação de compra e venda de títulos públicos;
c) fixar diretrizes e normas da política cambial;
d) disciplinar todos os tipos de crédito do mercado;
e) autorizar a emissão da moeda.

7. O Bacen estabeleça normas operacionais de todas as IFs que operam no território brasileiro, definindo suas características e possibilidades de atuação. Com relação a essas normas atualmente vigentes, julgue os itens subsequentes:

( ) O objetivo principal do banco comercial é proporcionar o suprimento oportuno e adequado de recursos necessários para a concessão de financiamento a curto e médio prazos ao comércio, à indústria, às empresas prestadoras de serviço e às pessoas físicas.
( ) As sociedades de arrendamento mercantil nasceram do reconhecimento de que o lucro de uma atividade produtiva pode advir da simples utilização do equipamento e não necessariamente da sua propriedade.
( ) Hoje o banco comercial é proibido de operar no mercado de capitais; ele opera apenas no mercado de crédito.
( ) Podemos dizer que os bancos comercias captam depósitos à vista repassando-os a tomadores sob forma de empréstimo de curto prazo (capital de giro) para empresas comerciais, industriais e consumidores.
( ) O mercado de crédito é intermediado pelo banco comercial. Já o mercado de capitais refere-se a operações desintermediadas. O risco do crédito recai sobre o emprestador e não sobre a IF que apenas promove o encontro entre emprestadores e tomadores de recursos.

8. É de responsabilidade do CMN:

a) fiscalizar o Bacen;
b) executar política monetária;
c) controlar o fluxo de moeda;
d) aprovar orçamentos monetários preparados pelo Bacen;
e) todas as funções descritas nas alternativas acima.

9. A Lei nº 4.595, de 31/12/1964, modernizou o modelo de intermediação financeira no país, criando:

a) os bancos múltiplos;
b) o BNDES (Banco Nacional de Desenvolvimento Social);
c) a CVM (Comissão de Valores Mobiliários);
d) o SFN (Sistema Financeiro Nacional);
e) todas as instituições descritas nas alternativas acima.

10. Julgue os itens a seguir:
O CMN é a entidade superior do SFN, tendo por competência:

( ) estabelecer as condições para exercício de quaisquer cargos de direção nas IFs privadas;
( ) zelar pela liquidez e solvência das IFs;
( ) adaptar o volume dos meios de pagamentos às reais necessidades da economia nacional e ao processo de desenvolvimento;
( ) regular o valor externo e interno da moeda;
( ) regular a execução dos serviços de compensação de cheques e outros papéis.

Gabarito:

1. E
2. E
3. C
4. D
5. D
6. B
7. C, C, C, C, C
8. D
9. D
10. E, C, C, C, E

Capítulo 2

Dinâmica do Mercado

O Sistema Financeiro Nacional apresenta sua dinâmica por meio de órgãos, autarquias, normas, entre outros; estes representam a estrutura e o funcionamento do SFN. É neste cenário que ocorrem as transações financeiras, ou seja, as dos ativos líquidos e ilíquidos (tecnologia, equipamentos, capital intelectual, pesquisa) que podem encontrar-se em mercados específicos, como o de crédito, capitais, câmbio etc.

2.1. ESTRUTURA GERAL DAS POLÍTICAS ECONÔMICAS

A política econômica está focada na retomada do crescimento econômico e em seu desenvolvimento — com a criação de empregos, distribuição de renda e reformas institucionais — e ainda está fundamentalmente preocupada com a inclusão social.

De acordo com estes cenários, as políticas econômicas podem ser divididas em pelo menos quatro áreas de atuação:

Política Monetária

- gestão da moeda e do crédito;
- emissão da moeda e controle sobre seu cunho forçado;
- organização do sistema bancário e monetário.

Política Fiscal

- definição e aplicação de impostos sobre os agentes econômicos com base na receita fiscal;
- definição dos gastos do governo e influência na política monetária.

Política Cambial

- definição do valor externo da moeda;
- controle dos fluxos de moeda estrangeira.

Política de Rendas

- controle dos fatores de produção como salários, encargos e sistemas de preços.

2.2. ENVOLVIMENTO DO TESOURO NACIONAL

É por meio do mercado financeiro, que capta recursos das instituições bancárias, tributos, taxas, contribuições federais, entre outros, que o Tesouro Nacional recebe parte dos recursos necessários à execução financeira das contas do governo.

A Secretaria do Tesouro Nacional — considerada caixa do governo — capta recursos no mercado financeiro via emissão primária de títulos para execução e financiamento das dívidas internas do governo.

O Tesouro faz hoje a rolagem da dívida interna por meio das Letras do Tesouro Nacional (LTN), das Letras Financeiras do Tesouro (LFT) e das Notas do Tesouro Nacional (NTN).

2.3. ATIVOS

Ativos

Os ativos são caracterizados por qualquer transação com promessa de pagamento, podendo ser líquido ou ilíquido. Eles também podem ser classificados como ativos fixos ou variáveis.

Ativos de Renda Fixa

Os poupadores têm como premissa deixar de consumir no presente para investir recursos e consumir no futuro. O investimento dependerá dos ativos disponíveis no SFN.

Os investimentos disponíveis podem ser classificados em Ativos reais (res = propriedade); ou seja, posse de bens e dívidas securitizadas (contratos de empréstimos para os quais são emitidos títulos).

As dívidas securitizadas têm como característica a existência de taxa de juros remuneratórios e taxa de vencimento. Como exemplo, temos: debêntures, títulos públicos federais, CDBs, entre outros.

Ativos de Renda Variável

Os ativos de renda variável não possuem remuneração previamente definida nem prazo de vencimento, sendo caracterizados como ativos reais; ou seja: imóveis, ouro, ações, entre outros.

2.4. ATIVOS DE RENDA FIXA

Os ativos de renda fixa têm como característica pagamentos em períodos definidos que podem ser prefixado (no momento do resgate) ou pós-fixado (no final da aplicação).

Na compra de um título de renda fixa, o possuidor do título empresta dinheiro ao emissor (representado por banco, por uma empresa ou pelo governo). Na operação, os juros cobrados são o pagamento que você recebe pelo empréstimo. Os títulos de renda fixa podem ser públicos ou privados.

Classificação dos fundos de renda fixa

- **Referenciados:** este modelo tem como referência um índice, podendo ser: CDI, dólar, euro, Ibovespa, entre outros.
- **Não referenciados:** neste caso não precisam seguir o desempenho de um índice específico. O retorno varia de acordo com a estratégia adotada pelo gestor do fundo.
- **Genéricos:** são caracterizados com um perfil de investimento mais agressivo em relação aos demais, com maior mobilidade de decisão de investimento dos recursos.

As empresas e os títulos de renda fixa

As empresas, para alavancarem seus negócios, necessitam de capital social, ou de terceiros, podendo, assim, contrair empréstimos que consistem em pagamentos de fluxos financeiros à instituição devedora, e ser representados por notas promissórias emitidas sem garantias, que pagam juros periódicos a seus proprietários, sendo assim caracterizados por títulos de renda fixa. No caso de prazo acima de 1 ano, temos os BONDS, cuja característica está no pagamento de rendimentos periódicos e resgate do principal no final.

Taxa a termo (forward rate)

A taxa a termo pode ser definida como o estimador não tendencioso da taxa à vista em um período futuro.

Características do Modelo

- Os investidores são neutros ao risco.
- A estrutura a termo é positivamente inclinada.
- Modelos empíricos comprovam que os investidores estão interessados em aplicar dinheiro no curto prazo.
- No longo prazo, os investidores exigem prêmio de liquidez.

O Ativo de Renda Fixa mais popular: a Caderneta de Poupança

A Caderneta de Poupança é caracterizada como um investimento de pouco risco. uma vez que menores riscos incorrem em menores retornos, seu retorno também é muito pequeno.

Rendimento: 0,5% + TR ao mês. A TR (Taxa Referencial) é calculada diariamente com base no CDB.

Impostos: neste caso não é preciso pagar o imposto de renda e a CPMF sobre a rentabilidade.

Liquidez: 30 dias – caso você retire o dinheiro antes dos 30 dias, perderá a remuneração na operação.

2.4.1. A dinâmica do mercado e os ativos financeiros

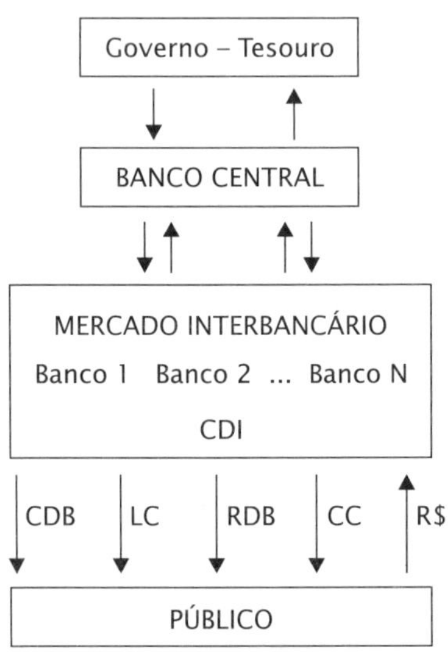

2.4.2. Certificado de Depósito Bancário (CDB)

Estes certificados de depósitos bancários são títulos nominativos emitidos pelos bancos e vendidos ao público como forma de captação de recursos. É caracterizado por um investimento de renda fixa e baixo risco. O CDB possibilita maiores rendimentos, pois a alíquota do imposto de renda é decrescente ao longo do período da aplicação, e a cobrança ocorre apenas no resgate ou no vencimento.

2.4.3. Certificado de Depósito Interfinanceiro (CDI)

São os títulos de emissão das instituições financeiras monetárias e não monetárias, que lastreiam as operações do mercado interbancário. Suas características são idênticas às de um CDB, mas sua negociação é restrita ao mercado interbancário sem intervenção do Bacen, que tem como função transferir recursos de uma Instituição Financeira (IF) para outra. Não há incidência de qualquer tipo de imposto, as transações são fechadas por meio eletrônico e registradas nos computadores das instituições envolvidas e nos terminais da Câmara de Custódia e Liquidação (Cetip). A maioria das operações é negociada por um só dia, como no antigo *overnight*.

IFs que podem emitir CDIs (autorizados pelo Bacen)

- Bancos comerciais
- Bancos múltiplos
- Bancos de investimento
- SCIs
- Associações de poupança e empréstimo
- Sociedades de arrendamento mercantil

Vantagens

É rápido, seguro e não há taxação.

Tipologia do CDIs

- CDIs prefixados ou flutuantes (negociado de 1 a 30 dias).
- CDIs pós-fixados com base na TR (1/8/1999).

Taxas CDI-OVER

Trata-se de taxas que representam os custos da troca das reservas interbancárias, sendo assim caracterizadas como operações de curtíssimo prazo.

CDI-Reserva

Algumas instituições financeiras, como os bancos múltiplos e caixas econômicas, foram autorizadas a negociar suas reservas com liquidação no mesmo dia D. Estas operações são registradas na Selic. Elas possibilitam que os bancos troquem reservas sem lastro em títulos públicos.

2.4.4. Recibo de Depósito Bancário (RDB)

Reúne as mesmas características de negociação do CDB, no entanto são intransferíveis e inegociáveis.

2.4.5. Letras de câmbio

Consiste em uma ordem de pagamento caracterizando título de crédito. Difere da nota promissória. que é uma promessa de pagamento.

Em regra, a letra de câmbio é uma promessa indireta, na qual o sacador (criador da letra) promete fazer pagar por terceiro, pelo sacado, a soma cambial.

2.4.6. Reais (R$)

De acordo com a estrutura e definições acima, será representado como a capacidade de a pessoa física ou jurídica fazer depósitos em dinheiro em uma IF.

2.4.7. Zeragem Automática

Em regra, todas as instituições financeiras quanto a seus recursos devem estar pelo menos equilibradas (débito = crédito ou superavitárias). As IFs não podem dormir "a descoberto" e sempre tentam equilibrar seus déficits (posições) trocando CDI. Quando isto não é possível, podem recorrer ao Bacen que, diariamente, faz a zeragem ao final da tarde.

Quando o Bacen atua neste mercado para fazer a zeragem diária (*Oversold*), apenas restabelece os equilíbrios das contas das instituições; garantindo, assim, às autoridades monetárias um controle relativo das taxas de juros do mercado.

Os ajustes são intermediados pelos *Go arounds* diários, e o Bacen faz leilões de dinheiro ou títulos oferecendo, desse modo, recursos a taxas punitivas.

2.4.8. Reservas Bancárias

Algumas instituições financeiras — em particular o banco comercial — recebem dinheiro de pessoa física ou jurídica, e os bancos têm a capacidade de criar outro tipo de moeda — a escritural que, em regra, é a moeda manual com capacidade de ampliação ou de se multiplicar por meio de mecanismos específicos, como, por exemplo, empréstimos de seu dinheiro a outro banco; este, a outro e assim sucessivamente.

O Bacen tem a capacidade de emitir moeda (foi a ele delegado) e os bancos comerciais, a capacidade de multiplicá-los.

2.4.9. *Dealers*

O *dealer* é uma instituição credenciada para atuar como elo de ligação entre o Bacen e o STN, e as demais instituições do SFN. Os *dealers* têm como objetivo fomentar a liquidez e competitividade do mercado aberto de títulos públicos.

Características (Credenciamento dos Dealers)

- possuir pelo menos 50% do valor mínimo fixado para as IFs com carteira comercial;
- elevado padrão ético de conduta;
- não ter restrição do Bacen ou da STN.

2.4.10. *Commercial Paper*

Também chamado de nota promissória, o *commercial paper* representa um instrumento de captação de recursos financeiros no mercado de capitais emitido por uma sociedade de capital aberto. O *commercial paper* é caracterizado como opções ao empréstimo bancário para as sociedades anônimas captarem recursos para suas atividades através da emissão de valores mobiliários, com autorização da CVM.

***Quem pode adquirir* Commercial Papers:**

- investidores institucionais;
- carteiras de bancos;
- corretoras de valores.

Aspectos legais e societários:

- a assinatura de quem a passa;
- a quantia determinada a pagar;
- a indicação da data e o lugar onde ela é passada;
- denominação "nota promissória" no próprio texto do título;

- indicação do lugar em que se deve efetuar o pagamento;
- o nome da pessoa a quem ou a ordem de quem deve ser paga;
- a época do pagamento (caso não conste é considerado o pagamento à vista).

2.5. FUNDOS DE INVESTIMENTO

No Brasil, tais fundos possuem suas organizações jurídicas em forma de condomínio de investidores, logo têm registro na Receita Federal (CNPJ). Considerando que se trata de pessoas jurídicas, deverão ter um estatuto social (registrado em cartório de notas e ofício).

O estatuto social conterá direitos e deveres dos cotistas, assim como os aspectos relativos à organização social do fundo. Cabe à assembleia de cotistas aprovar o balanço social do fundo, assim como definir as funções administrativas necessárias para este ser aprovado pela CVM, que é o órgão do Governo Federal responsável pela fiscalização dos fundos de investimento.

Gestor da Carteira de Investimentos

O gestor da Carteira de Investimentos poderá ser pessoa física ou jurídica, sendo esta a responsável pela gestão do patrimônio do fundo de investimento. O gestor necessita de um registro junto à CVM.

Órgãos de Fiscalização dos Fundos de Investimento

- CVM
- Bacen

Custodiante

A Custodiante deverá ser representada por uma empresa com autorização do Bacen para exercer sua função, e este será o responsável pela guarda dos títulos que compõem a carteira de investimento do fundo de investimento.

Exigências da CVM

A CVM exige que o fundo tenha um prospecto onde constem de forma clara os riscos que o investidor corre ao ingressar como cotista.

Funcionamento

Ao aplicar seus recursos financeiros, o investidor em um fundo de investimento estará adquirindo uma certa quantidade de cotas, que representarão o patrimônio do fundo de investimento.

Taxas Cobradas

O administrador do fundo cobra as seguintes taxas:

- Taxa de Administração — cobrada pelo administrador em termos anuais e incide diretamente sobre o fundo de investimento. Ela é cobrada em função de trabalhos relativos à gerência administrativa.
- Taxa de *Performance* — o seu cálculo é definido no estatuto social do fundo. É uma taxa onde o gestor tem certo ganho, caso a rentabilidade ultrapasse os objetivos estimados pelo gestor.
- Taxa de entrada ou de saída — deverá estar definida no estatuto social do fundo e constar de seu prospecto. Em geral, é cobrada quando o investidor adquire cotas do fundo ou quando solicita resgate de suas cotas.

Tributação

Serão cobrados Imposto de Renda (IR) e Imposto sobre Operações Financeiras (IOF)

Alguns Tipos de Fundos de Investimento

Curto Prazo — composição: títulos de renda fixa cujo prazo seja inferior a 360 dias, possuindo, assim, um prazo médio da carteira menor.

Referenciado — sua rentabilidade está atrelada a um indexador financeiro; composta de títulos de renda fixa (95%).

Renda Fixa — composição: títulos de renda fixa pré ou pós-fixados (80%) em sua carteira de investimentos

Multimercados — categoria destes fundos: operações de derivativos financeiros que tem como objetivo a alavancagem do patrimônio como estratégia de investimento.

Ações — origem das ações de empresas negociadas em Bolsa de Valores.

2.6. SECURITIZAÇÃO

O termo *securitization*, criado por Lewis Ranieri, foi aplicado inicialmente em ativos hipotecários. Posteriormente agregou outros ativos financeiros (recebíveis, empréstimos etc.).

A securitização é caracterizada por um instrumento flexível de geração de liquidez para as empresas que têm como objetivo diminuir os riscos para os investidores.

Fatores que levaram à securitização

- Hiato de maturidade entre ativos e passivos, decorrentes de depósitos com curtos prazos oriundos de uma única fonte.
- Altos custos de captação oriundos de depósitos de baixos valores.
- Custo crescente de capital próprio.
- Financiamento do déficit público.

A lógica da securitização

A securitização é caracterizada por uma operação financeira que faz a conversão de ativos em títulos negociáveis (valores mobiliários e títulos de crédito). Estes são vendidos a novos investidores. Dessa forma, securitizar significa converter determinados ativos em lastro para títulos ou valores mobiliários a serem emitidos. Podemos dizer que se caracteriza por uma desintermediação financeira na qual se inserem emissão de debêntures, de *notes*, de *bonds*, bem como operação de *leasing*, *factoring*, entre outros.

Características intrínsecas à securitização

- Conversão de ativos via empréstimos, ou ativos fixos em valores mobiliários negociáveis.
- Garantia de liquidez às riquezas dos investidores alocadas.
- Novos ativos operados e mercados de maior amplitude.
- Liquidação dos ativos securitizados.
- Distribuição de riscos envolvidos.
- Redução dos custos de transação da operação de financiamento dependendo da relação risco/retorno esperada pelo investidor.

Operação de securitização

Principais participantes de uma operação de securitização:

- agentes que possuem contratos de financiamento/empréstimo com a empresa originadora;
- direitos da empresa originadora;
- *trust* que viabiliza a operação;
- agente fiduciário;
- agência de *rating*;
- auditores externos.

Alguns ativos passíveis de securitização

- créditos mobiliários;
- créditos financeiros;
- faturas de cartão de crédito;
- exportação;
- contas a receber dos setores comercial, industrial e prestação de serviços.

Nota: Diversos dispositivos legais disciplinam o que chamamos hoje, no Brasil, de Securitização de Créditos, na maioria das vezes decorrentes de empréstimos, financiamentos (inclusive imobiliários) e operações de arrendamento mercantil (*leasing*) realizadas no âmbito do mercado financeiro.

Regras aplicáveis à securitização de recebíveis

As normas aplicáveis à securitização de recebíveis são aquelas emitidas principalmente pelo Bacen, pela CVM e pela legislação comercial e societária.

2.7. FUNDO GARANTIDOR DE CRÉDITO (FGC)

O FGC tem como premissa a manutenção de um sistema bancário sólido e saudável. Ele funciona como uma rede de proteção do sistema bancário.

Focos de atuação: empréstimos de última instância, regulação eficaz, fiscalização eficiente, estrutura legal adequada e proteção direta a depositantes, via um sistema garantidor.

2.8. QUESTÕES COMENTADAS

1. (FCC/Banco do Brasil/2006) Em relação aos *commercial papers*, analise:

I. São títulos de curto prazo emitidos por instituições financeiras e negociáveis em mercado secundário.

II. A colocação desse título deve ser feita por uma instituição integrante do sistema de distribuição de valores mobiliários.

III. O investidor que compra um *commercial paper* pode vendê-lo antes do vencimento, transferindo a sua titularidade.

IV. Trata-se de uma operação que permite a obtenção de recursos sem o pagamento de IOF.

É correto o que consta apenas em:

a) I, II e III;
b) I e III;
c) II, III e IV;
d) III e IV;
e) I, II e IV.

Comentário:

A Resolução nº 1.723/1990, da CMN, autorizou as *sociedades por ações* a emitirem notas promissórias comerciais de curto prazo como valores mobiliários, os *commercial papers*, colocadas e negociadas em mercado de balcão e bolsa de valores por intermédio de uma instituição integrante do sistema de distribuição de valores mobiliários.

A companhia que emitiu o *commercial paper* não deverá efetuar negociações com os títulos emitidos por ela. Devem os *commercial papers* estarem registrados na Cetip ou outro sistema de custódia e liquidação autorizado pelo Bacen.

Gabarito: C.

2. (FCC/Banco do Brasil/2006) O *hot-money* é uma modalidade de empréstimo que tem a finalidade de:

a) financiar a aquisição de bens e serviços por pessoas físicas;
b) atender às necessidades imediatas de caixa das empresas;
c) financiar a aquisição de bens de capital por parte das empresas;
d) financiar as vendas a prazo das empresas;
e) refinanciar dívidas já existentes de pessoas físicas.

Comentário:

Através do *hot-money*, instituições financeiras viabilizam empréstimos em dinheiro, de curtíssimo prazo, com o acréscimo de juros e correção monetária, objetivando o atendimento das necessidades de caixa das empresas.

Gabarito: B.

3. (Cesgranrio/Banco do Brasil/2010) A letra de câmbio é o instrumento de captação específico das sociedades de crédito, financiamento e investimento, sempre emitida com base em uma transação comercial e que, posteriormente ao aceite, é ofertada no mercado financeiro. A letra de câmbio é caracterizada por ser um título:

a) ao portador, flexível quanto ao prazo de vencimento;
b) nominativo, com renda fixa e prazo determinado de vencimento;
c) atrelado à variação cambial;
d) negociável na Bolsa de Valores, com seu rendimento atrelado ao dólar;
e) pertencente ao mercado futuro de capitais, com renda variável e nominativo.

Comentário:

A letra de câmbio com aceite de uma instituição financeira é uma ordem de pagamento onde o sacador é o emitente e o devedor; o adquirente é o investidor. É regulamentada pelo Decreto nº 57.663/1966, a partir da Convenção de Genebra (1930), e a Lei nº 4.728/1965. Trata-se de um título nominativo, com renda fixa e prazo de vencimento determinado. Não é permitida emissão de letra de câmbio ao portador.

Gabarito: B.

2.9. QUESTÕES PROPOSTAS

1. **A política monetária e a política fiscal diferem, basicamente, pelo seguinte fato:**
   a) A política monetária trata dos recursos totais arrecadados e gastos pelo governo, enquanto a política fiscal trata das taxas de juros.
   b) Não existe diferença entre as duas, uma vez que os objetivos e as técnicas de operações são os mesmos.
   c) A política fiscal procura estimular ou desestimular as despesas de investimento e consumo, por partes das empresas e pessoas, influenciando as taxas de juros e a disponibilidade de crédito.
   d) A política monetária procura estimular e desestimular as despesas de investimento e de consumo, por parte das empresas e pessoas, influenciando nas taxas de juros e a disponibilidade de crédito, enquanto a política fiscal funciona diretamente sobre as rendas através da tributação e dos gastos públicos.
   e) Todas as alternativas acima estão corretas.

2. **(Banco do Brasil/1999) O chamado mercado interbancário é considerado como único instrumento que possui o sistema financeiro, capaz de formalizar as suas expectativas em relação ao comportamento das taxas de juros e da liquidez do mercado. Com base nessa afirmativa julgue os itens abaixo.**
   ( ) No mercado interbancário o Bacen possui pleno acesso, controlando as movimentações diárias.
   ( ) O CDI são títulos emitidos por IFs que servem de lastro para as operações do mercado interbancário.
   ( ) A negociação dos CDI é feita via Cetip, aos prazos de um dia ou mais. A negociação por um dia estabelece a taxa CDI *over* que é a base, por exemplo, do custo das operações de *hot money.*
   ( ) Os CDI reserva possibilitam a transferência de recursos das reservas bancárias no Bacen com liquidação no mesmo dia.

3. **(Caixa Econômica Federal) Faça correlação e indique a resposta correta.**
   1. Títulos públicos 2. Moedas estrangeiras 3. Produto interno 4. Intermediações financeiras 5. Depósitos compulsórios.
   A. Divisas internacionais mantidas pelo Bacen, visando operar no mercado cambial.
   B. Fundamenta-se no desequilíbrio entre o nível de poupança e investimento de uma economia.
   C. Percentual dos fundos recolhidos pelas instituições junto ao público e regulamentado por instrumentos legais.

D. Representante do valor, a preços de mercado, dos bens e serviços realizados num país em certo período de tempo.

E. Representa a carteira de títulos de emissão pública pelo Bacen e tem por objetivo o controle da liquidez da economia.

a) 1E; 2A; 3D; 4B; 5C.
b) 1A; 2D; 3C; 4D; 5E.
c) 1A; 2B; 3C; 4D; 5E.
d) 1C; 2B; 3A; 4E; 5D.
e) 1B; 2C; 3A; 4D; 5E.

4. **Os bancos necessitam de recursos do público para implementar suas atividades de intermediação financeira, para isso utilizam-se de vários instrumentos de captação de recursos, os principais são CDB e RDB. Julgue os itens abaixo:**

( ) CDBs são papéis emitidos pelos bancos para captar dinheiro do público.
( ) O CDB e RDB indicam a obrigação de o banco pagar ao aplicador, ao final do prazo contratado, a remuneração prevista.
( ) O CDB é uma promessa de pagamento à ordem, da importância depositada acrescida do valor da remuneração e rentabilidade convencionada.
( ) O CDB deve ser emitido sob forma nominativa e é transferível somente por endosso; no caso do RDB é transferível ou não, dependendo dos ganhos envolvidos.
( ) O recibo de depósito bancário (RDB) tem um valor mínimo de aplicação que fica a critério da IF assim como CDB.
( ) Entidades estatais e IFs estão facultadas ao recebimento de CDB e é facultado o recebimento de depósitos a prazo por pessoas físicas e jurídicas.
( ) Como itens comuns ao CDB e RDB, temos: prazos de aplicação no mínimo de 30 dias, quando remuneradas a taxas de mercado pré-fixadas e mínimo de 4 anos quando utilizada TR; mínimo de 120 dias quando contratado com base em taxas flutuantes.

5. **(Cespe-UnB/Banco do Brasil/2008) Os produtos de investimentos são importantes para vários tipos de instituições financeiras. Entre os mais comuns, pode-se mencionar os certificados de depósitos bancários (CDBs) e os fundos mútuos de investimento. O mercado Financeiro de produtos de investimento tem obtido crescente desempenho: no início de 2007, somente a indústria de fundos alcançou o volume de 1 trilhão de reais. Acerca desses produtos, julgue os itens a seguir.**

( ) Aplicações em fundo de investimento necessariamente devem ser feitas em conta-investimento.
( ) Os CDBs são títulos emitidos por bancos comerciais, de investimento, de desenvolvimento ou múltiplos com o objetivo de gerar captação de recursos (*funding*) para que o banco aplique em vários ativos. Sendo assim, o CDB não é um título de emissão privada.
( ) Quando indexada a taxa de inflação, o CDB tem prazo mínimo de 1 ano.
( ) Só é possível a abertura de conta-investimento ao cliente que possuir pelo menos uma conta-corrente de depósitos à vista, mesmo que em instituição distinta.

6. **(Cespe-UnB/Banco do Brasil/2008) A letra de câmbio é um instrumento de declaração unilateral de vontade, enunciada em tempo e lugar certos (nelas afirmados), por meio da qual uma certa pessoa (chamada sacador) declara que uma certa pessoa (sacado) pagará, pura e simplesmente, a certa pessoa (chamada tomador), uma quantia certa, num local e numa data – ou prazo – específicos ou não. O título considera-se emitido quando o sacador nele apõe sua assinatura, completando assim, o ato unilateral de sacá-lo. Trata-se de um instrumento de câmbio muito antigo na história que sofreu, ao longo dos tempos, variações em seu regulamento legislativo, bem como na prática de sua utilização.**
Acerca da letra de câmbio, julgue os itens que se seguem:
( ) O sacador (emitente/credor) é garantidor tanto da aceitação quanto do pagamento da letra.
( ) Se a letra de câmbio contém assinatura de pessoas incapazes de se obrigarem por letras, assinaturas falsas, assinatura de pessoas fictícias, as obrigações dos outros signatários não deixam de ser válidas nem gera nulidade do referido título por essa razão.
( ) Na letra de câmbio existem, em regra, três pessoas envolvidas: o sacador (credor), o sacado (devedor/aceitante) e o favorecido (tomador). Pode acontecer de sacador e favorecido serem a mesma pessoa, mas não existe possibilidade de sacador e sacado serem a mesma pessoa.

7. **(Cespe-UnB/Banco do Brasil/2008) Julgue o item seguinte:**
( ) O FGC tem como associadas obrigatórias as instituições financeiras e as associações de poupança e empréstimo em funcionamento no país; não contempla as cooperativas de crédito e cobre o limite de até R$ 20.000,00 por pessoa, contra a mesma instituição associada.

8. **(Cespe-UnB/Banco do Brasil/2008) Garantia é a segurança dada ao titular de um direito para que possa exercê-lo. É uma verdadeira proteção concedida ao credor, aumentando a possibilidade de receber aquilo que lhe é devido. Acerca das garantias do Sistema Financeiro Nacional e do Fundo Garantidor de Crédito (FGC), julgue os itens a seguir.**
( ) A fiança bancária é um conjunto pelo qual o cliente (fiador) garante o cumprimento da obrigação do banco (o afiançado), junto a um credor em favor do qual a obrigação deve ser cumprida.
( ) São garantias reais a hipoteca, o penhor, a alienação fiduciária e a fiança. O aval é uma garantia pessoal.
( ) A alienação fiduciária em garantia não tem por finalidade precípua a transmissão da propriedade, embora esta seja sua natureza.
( ) A fiança é uma garantia pessoal, na qual o credor não poderá exigir que seja substituído o fiador, quando o mesmo se tornar insolvente ou incapaz.
( ) O aval, uma vez dado, não poderá ser cancelado pelo avalista.
( ) No penhor rural, a regra é que a coisa empenhada continua em poder do devedor, que deve guardá-la e conservá-la.
( ) A hipoteca deverá sempre vir registrada em contrato, sob pena de nulidade.
( ) O FGC é uma associação civil sem fins lucrativos, com personalidade jurídica de direito privado, e não exerce qualquer função pública.

9. (FCC/Banco do Brasil/2010) O Fundo Garantidor de Crédito – FGC é uma entidade privada, sem fins lucrativos, que administra o mecanismo de proteção aos correntistas, poupadores e investidores, contra instituições financeiras em caso de intervenção, liquidação ou falência. São cobertos limitadamente pela garantia:

a) Notas Promissórias Comerciais;
b) Letras Hipotecárias;
c) Depósitos Judiciais;
d) Letras Financeiras do Tesouro;
e) Fundos de Investimentos Financeiros.

10. Securitização é a técnica financeira que visa:

a) lastreamento com garantias reais e comerciais;
b) lastreamento sem garantias reais de emissões públicas de endividamento;
c) lastreamento com recebíveis comerciais de emissões públicas de endividamento;
d) lastreamento com emissões públicas de endividamento;
e) todas acima estão corretas.

Gabarito:

1. D
2. E, C, C, E
3. A
4. C, C, C, E, C, E, C, C
5. C, E, C, C
6. C, C, E
7. E
8. E, E, C, E, E, C, E, C
9. B
10. B

Capítulo 3

Os Mercados e a Política Monetária

3.1. MERCADOS FINANCEIROS

O Mercado Financeiro se divide em quatro grandes mercados: crédito, capitais, câmbio e monetário.

3.1.1. Mercado de Crédito

Neste mercado podemos verificar que há uma relação direta entre a IF banco e o público.

O banco capta recursos do público por meio de depósitos à vista e a prazo e fornece empréstimos. Este fato é uma característica marcante no mercado de crédito. Os bancos, com o decorrer do tempo, entenderam que poderiam oferecer certos produtos para o público para captar recursos (detalharemos, mais adiante, esses produtos), mas fica flagrante que se um indivíduo abre uma conta-corrente, então o banco, de acordo com o perfil do cliente, poderá oferecer cheques, cartões de crédito, cheque especial e outros serviços.

3.1.2. Mercado de Capitais

É caracterizado como um segmento do mercado financeiro e tem como finalidade o atendimento das necessidades de financiamento de médio e longo prazos das Empresas de Capital aberto. A Comissão de Valores Mobiliários é o órgão fiscalizador deste mercado.

Objetivos

- Estabelece padrões de conduta para os participantes do mercado.
- Concede incentivos às companhias que procedem a abertura de capital.

Foco da empresa de capital aberto

Se uma empresa para alavancar um projeto necessita de dinheiro de terceiros, ela terá duas alternativas: captar dinheiro de uma IF bancária ou criar um novo mercado onde o custo do dinheiro seja menor que o oferecido pelo banco.

É neste cenário que surge o mercado de capitais, onde, via de regra, se negociam riscos de uma empresa para captar dinheiro e alavancar um projeto.

É na alocação eficiente da poupança que o mercado de ações encontra forte justificativa.

3.1.3. Mercado Monetário

É também conhecido como mercado aberto ou *open market*. Engloba as operações de curtíssimo prazo. São operações feitas por poucos dias, até de um dia para outro. Este mercado executa duas funções: primeiro aplica recursos disponíveis de curto prazo e, segundo, é utilizado pelo Bacen para controlar o nível de liquidez (mede a capacidade das empresas públicas ou privadas de cumprir com suas obrigações no curto prazo) da economia por meio de compra e venda de títulos. As instituições autorizadas têm uma carteira de títulos públicos e privados, que é financiada por terceiros.

3.1.4. Mercado de Câmbio

Neste mercado faz-se a troca de moeda de um país pelo outro. Em regra, a taxa de câmbio define o valor da moeda nacional perante a moeda estrangeira.

3.2. ANÁLISE PRELIMINAR DE ALGUNS MERCADOS E SUAS POLÍTICAS ECONÔMICAS

Na economia, uma política de renda pode interferir na taxa de inflação, pois aumento de salários gera inflação de demanda. O mercado de capitais — cujas taxas cobradas são menores do que as do mercado de crédito — tem a sua razão de ser na poupança doméstica, pois na economia poupança é investimento, e estes recursos têm ganhos futuros, sendo a compra de ações uma das alternativas.

No mercado de câmbio o que está em jogo é o valor da moeda — valor de paridade. Em uma definição bem mais específica, veremos que o câmbio, com sua respectiva taxa, pode ser representado por uma "espécie" de moeda.

3.3. POLÍTICA MONETÁRIA

Como foi visto anteriormente, a política econômica é composta das políticas monetária, fiscal, cambial e de rendas. Desta forma, a política monetária é um subconjunto da política econômica. A política monetária executada pelo Bacen tem como objetivo o controle de recursos disponíveis.

3.3.1. Comitê de Política Monetária do Banco Central (Copom)

O Copom tem a função de definir as diretrizes da política monetária e a taxa básica de juros do país. A taxa básica de juros é aquela que o governo determina, sendo esta a diretriz da economia brasileira e os negócios com títulos públicos registrados no Bacen.

Sobre o Copom

- O Copom é formado por oito membros da Diretoria Colegiada do Banco Central.
- É presidido pelo presidente da autoridade monetária.
- Integram o grupo de discussões os chefes de departamentos, consultores, o secretário-executivo da diretoria, o coordenador do grupo de comunicação institucional e o assessor de Imprensa.

3.4. QUESTÕES PROPOSTAS

1. **Quando um país exporta um bem material em regra gera divisas, logo a exportação do bem em si e as divisas são definidas no mercado:**
   a) monetário;
   b) de crédito;
   c) capitais;
   d) financeiro;
   e) de câmbio.

2. **Assinale a alternativa que melhor completa a lacuna no texto abaixo:**
   No mercado _________ temos operações de curtíssimo prazo também conhecidas como de "sinfonia fina". Tais operações são realizadas no mercado aberto (*open market*).
   a) monetário;
   b) cambial;
   c) comercial;
   d) externo;
   e) exportador.

3. Assinale a alternativa que melhor completa a lacuna no texto abaixo: O mercado __________ é regulamentado pela CVM.

a) de câmbio;
b) de crédito;
c) de capitais;
d) exportador;
e) monetário.

4. O principal objetivo da política de renda é:

a) limitar os gastos da população;
b) reduzir a taxa de inadimplência;
c) reduzir a taxa de inflação;
d) aumentar o fluxo de dinheiro para o governo;
e) alterar a taxa de câmbio.

5. (Bacen/2002) Com a relação à estrutura do mercado de capitais, é correto afirmar que:

a) as bolsas de valores são instituições do governo que mantêm local ou sistema adequado à negociação de títulos e valores mobiliários;
b) são considerados valores mobiliários e, portanto, estão sujeitos à normatização pela CVM os seguintes títulos, quando ofertados publicamente: ações, debêntures e títulos da dívida pública;
c) a CVM é órgão regulamentar e fiscalizador do mercado de capitais;
d) as negociações de títulos e valores mobiliários em bolsas de valores denominam-se usualmente de operações no mercado primário;
e) cabem às sociedades corretoras e distribuidoras de valores mobiliários as operações no recinto das bolsas de valores.

6. O Comitê de política monetária (Copom) do Bacen foi instituído em 20/6/1996, com o objetivo de estabelecer as diretrizes da política monetária e de definir as taxas de juros. A criação desse comitê buscou proporcionar a maior transparência e ritual adequado ao processo decisório da instituição. Com relação ao Copom, julgue os itens subsequentes.

( ) A taxa de juros fixada na reunião do Copom é a meta para a taxa Selic (taxa média dos financiamentos diários, com lastro em títulos federais, apurados no Sistema especial de liquidação e Custódia), a qual vigora por todo o período entre reuniões ordinárias do comitê.

( ) As atas das reuniões do Copom devem ser divulgadas no prazo de até 15 dias úteis após a data de sua realização.

7. (Cesgranrio/Banco do Brasil/2010) Atualmente os grandes bancos do mercado financeiro realizam desde as atividades mais simples, como o pagamento de um título, até as mais complexas, como as operações de *Corporate Finance*, que envolvem a:

a) realização de um contrato de câmbio para viabilizar as exportações e as importações;
b) realização de atividades corporativas no exterior;
c) gestão de ativos financeiros no segmento corporativo;
d) manutenção de contas-correntes de expatriados no exterior;
e) intermediação de fusões, cisões, aquisições e incorporações de empresas.

Gabarito:

1. E
2. A
3. C
4. C
5. C
6. C, E
7. E

Capítulo 4

Criação da Moeda pelo Bacen e Mecanismos de Controle

4.1. AGREGADOS MONETÁRIOS – BASE MONETÁRIA (BM)

Papel moeda emitido (PME)

Apenas o governo federal emite moedas (moeda fiduciária). Uma parte fica retida para pagamentos do governo, através do Banco Central, e a outra parte é a Caixa das Autoridades Monetárias (CAM).

4.2. A EXISTÊNCIA DA MOEDA NO MERCADO MONETÁRIO

- Bacen: responsável pela emissão primária de moeda.
- Base Monetária (BM): é o estoque líquido de papel-moeda que se acumula no tempo (PMPP + reservas bancárias).
- Agentes econômicos: a distribuição da BM aos agentes econômicos pelo Bacen não é de forma graciosa, este controla seus ativos e passivos.
- Sistema Financeiro: é o local onde ocorrem as transações financeiras.

4.3. PAPEL-MOEDA EM CIRCULAÇÃO (PMC)

É o que fica circulando nos bancos.

PMC = PMF – CAM

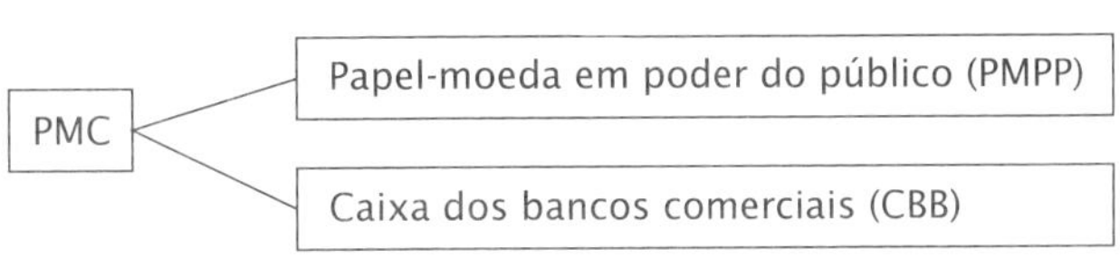

O PMC é composto de:

- Depósitos voluntários (dos bancos comerciais no Banco Central).
- Depósitos compulsórios (dos bancos comerciais no banco central).

Este cenário caracteriza a base monetária (BM)

4.4. OPERAÇÕES REALIZADAS NO MERCADO

- Multiplicador bancário (K ou MB): MB = M1 / BM.
- Base Monetária: BM = PMPP + Reservas bancárias.
- Meios de Pagamento (MP).
- *Open Market*.
- Mercado Interbancário – CDI.
- Depósitos a prazo – CDB e RDB.

4.5. A TRAJETÓRIA DA MOEDA E O MECANISMO DE CONTROLE DO BACEN

Os depósitos compulsórios são instrumentos fortes para fazer uma política monetária tanto contracionista quanto expansionista. No entanto, não é um instrumento ágil, pois demora um tempo relativamente grande para que entre em funcionamento de forma plena. As operações do mercado aberto, ao contrário, são extremamente ágeis, sendo considerado o mais ágil dos mecanismos de controle do Bacen.

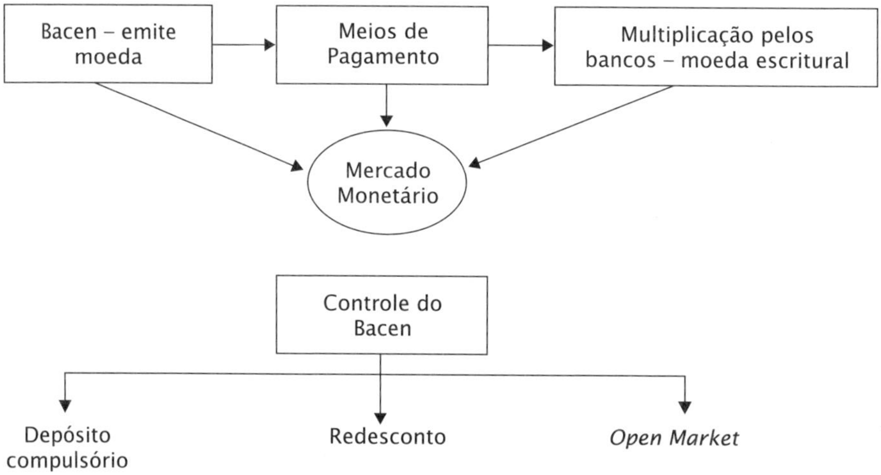

4.5.1. Depósito Compulsório

O depósito compulsório aplicado como mecanismo de controle do Bacen tem como objetivo garantir o poder de compra da moeda fazendo parte da sua política monetária. Em regra, o mecanismo do depósito compulsório obriga os bancos comerciais e outras IFs a depositarem, junto ao Bacen parte de suas captações em depósitos à vista e outros títulos contábeis.

O banco comercial tem a função de criar ou destruir moeda escritural, ou seja, é uma moeda fictícia, mas que atua de fato no mercado, pois está diretamente relacionada com o depósito à vista que o público faz no banco. A moeda escritural é criada em função do aumento do multiplicador bancário.

No exemplo a seguir, será feito apenas um depósito de R$ 2.000,00, mas o banco comercial contém uma conta reserva com o Bacen (criada por lei) cujo objetivo é fazer um colchão do Bacen, sendo este um captador de recursos e um emprestador de última instância. Estas contas entre o banco comercial e o Bacen são chamadas de contas de livre movimentação.

Banco	Depósitos	Empréstimos e Investimentos	Títulos Públicos	Depósito Compulsório	Reserva Voluntária	Total Reservas
Banco 1	2.000,00	1.600,00		400,00		400,00
Banco 2	1.600,00	1.280,00		320,00		320,00
Banco 3	1.280,00	1.024,00		256,00		256,00
Banco 4	1.024,00	819,20		204,80		204,80
Banco 5	819,20	655,36		163,84		163,84

Cálculo do Multiplicador Bancário

Depósitos: 2.000 + 1.600 + ... = 2.000 ÷ (1 – 0,8) = 10.000

Reservas: 400 + 320 + 256 + ... = 400 ÷ (1 – 0,8) = 2.000

Multiplicador Bancário: 10.000 ÷ 2.000 = 5

Regra geral: Quanto maior a taxa de depósito compulsório, menor o multiplicador bancário e consequentemente menos crédito no mercado e taxas de juros mais alta. No exemplo acima, a taxa de depósito compulsório foi de 20% e multiplicador bancário 5, caso a taxa de depósito compulsório seja de 40% o multiplicador será 2,5.

4.5.2. Incidência do Depósito Compulsório

Os depósitos compulsórios e o encaixe obrigatório incidem sobre:

- recursos à vista captados por bancos múltiplos e de investimento, titulares de contas reservas bancárias, bancos comerciais e caixas econômicas;
- adiantamento relativos a adiantamento de câmbio realizados por certas IFs (bancos de investimento, bancos múltiplos, entre outros);
- depósitos a prazo, recursos de aceites cambiais, títulos de emissão própria, financiamento e investimentos, entre outros;
- recursos de depósito de poupança captados por bancos múltiplos, bancos comerciais, associações de poupança e empréstimo.

4.5.3. Operações de Mercado Aberto

São operações de venda e compra de títulos através de leilões formais e informais. É o instrumento mais eficaz para a realização de gerenciamento de liquidez que o Bacen dispõe. É também chamado de sinfonia fina.

No curtíssimo prazo (D, D+1), o Bacen pode recomprar um título ao conceder empréstimos ao setor privado. Podemos dizer que o Bacen é o "emprestador" de última instância; este recompra títulos de um banco ou faz concessão a um empréstimo.

4.5.4. Exemplo de Liquidez do Mercado

No exemplo a seguir, temos como objetivo analisar a liquidez do mercado, assim como verificar os ganhos envolvidos e a atuação de negociação em cada mercado específico. Analisaremos o procedimento financeiro no mercado primário e secundário e as taxas envolvidas.

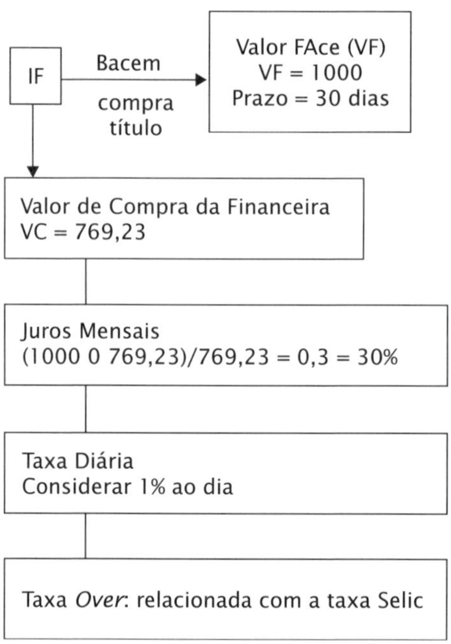

Mercado Secundário

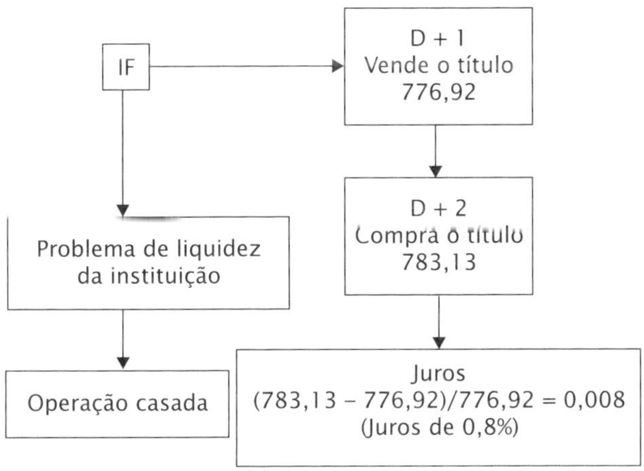

A IF paga um juro de 0,8% ao dia enquanto o Bacen remunera a uma taxa de 1%.

4.5.5. Redesconto

É um dos instrumentos de controle da política monetária utilizado pelo Banco Central e tem como objetivo regular o sistema de liquidez do sistema bancário.

O banco comercial não pode "dormir a descoberto", ou seja, deficitário em um dia D. Caso este cenário se configure, o banco emite uma nota promissória em favor do Banco Central e recebe um crédito em sua conta de depósito no Banco do Brasil. O redesconto pode ser feito no curto prazo.

Mecanismo geral do Redesconto

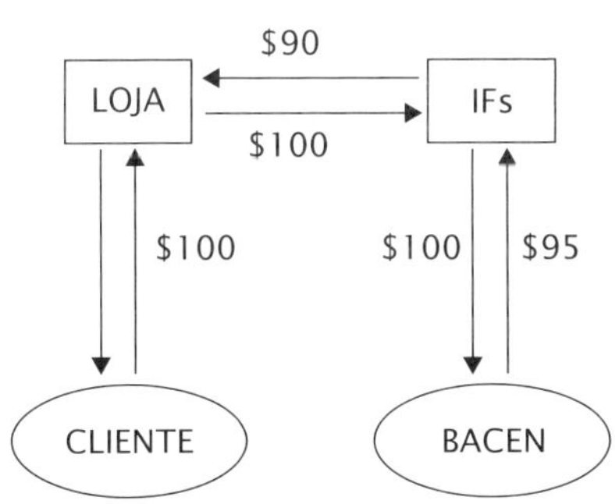

De acordo com o fluxo acima, podemos verificar que a IF e o Bacen tiveram um retorno de R$5,00, mas não obtiveram a mesma rentabilidade. A diferença das taxas de ganho de cada um na transação é chamada de *spread* bancário.

4.6. MERCADO DE CRÉDITO E O MULTIPLICADOR BANCÁRIO

Está fundamentada na teoria neoclássica da firma bancária, na qual a distribuição entre as reservas bancárias (R) e os empréstimos (e) se fixa no ponto em que o retorno sobre o empréstimo marginal é igual ao custo marginal de sacrificar reservas.

$$MB = M1/BM$$

Perdas são minimizadas quando o valor da penalidade dado às probabilidades de que uma situação de deficiências de reservas ocorra é exatamente coberto pela taxa de juros sobre os empréstimos para cuja realização foi necessário sacrificar reservas.

Definição

Custos por manter reserva: $R = r \cdot R$

Empréstimos: $E = \int P\,(x - R)\, f(x)dx$

Custo total: $CT = r \cdot R + \int P\,(x - R)\, f(x)dx$

Conclusão: o banco tentará maximizar CT, ou seja, a derivada $d\,CT/dR = 0$, logo

$r - \int P\, f(x)dx = 0 \rightarrow r = \int Pf(x)dx.$

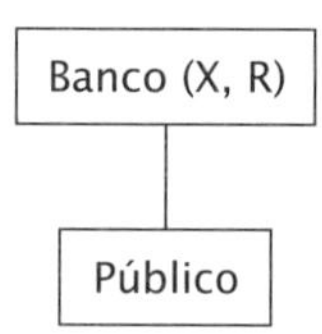

Em que:

X = ativo financeiro

R = retorno deste ativo

4.7. MULTIPLICADOR BANCÁRIO

Quando consideramos MP = M1, temos MB; denominado também como a, que é dado por:

$$\alpha = MP/BM,$$

tendo como variáveis o papel-moeda emitido pelo Bacen.

Definição

PME = papel-moeda emitido pelo Bacen (é oferta monetária existente no sistema financeiro, em que o Bacen controla através dos seus três mecanismos básicos).

PMC = papel-moeda em circulação – é tudo que existe circulando no mercado interbancário.

ET = encaixe total – é a caixa do banco que faz frente aos saques do público em geral.

Demonstração: PME – PMPP + ET + Cbacen (DVbacen)

c = PMPP/MP	d = DVbacen/MP	c + d = 1	r = E_T/DVbacen

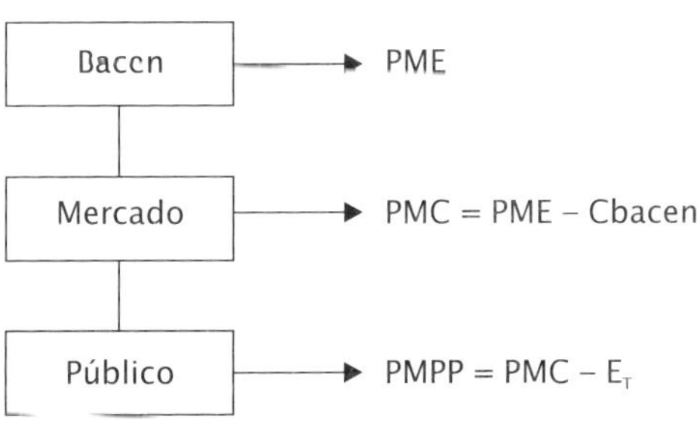

Meios de Pagamento: MP = PMPP + DVbacen → PMPP = MP – DVbacen

Base Monetária: BM = ET + PMPP → PMPP = BM – ET

Igualando PMPP: MP – DVbacen = BM – ET

BM = MP – Dvbacen + ET (dividir por MP)

BM/MP = 1 – DVbacen/MP + (ET/Mp) DVbacen/DVbacen

BM/MP = 1 – d + dr

BM/MP = 1 – d(1 – r)

α = MP/BM = 1/1 – d (1 – r)

4.8. SISTEMA MONETÁRIO – ESTRUTURA GERAL

Podemos verificar que o Bacen é a autoridade monetária que emite o papel-moeda, sendo que uma porcentagem da emissão fica no interior dos bancos comerciais e outra parte em poder do público (emissão monetária de fato). A parte que fica no Bacen legalmente não é considerada moeda, pois suas emissões são um item do passivo em favor dos bancos ou do público.

4.9. ATIVOS FINANCEIROS

É representado por demanda de produtos e serviços.

Σ Quantidade de moeda manual + Σ Quantidade de moeda escritural

Logo PMPP + DV são considerados ativos de plena liquidez.

Nota: A quantidade de moeda manual está associada ao PMPP, e a quantidade de moeda escritural está relacionada à capacidade de os bancos criarem moeda — mas não física — por exemplo, um banco pode emprestar dinheiro para o outro por meio de CDI para o banco deficitário fazer a sua zeragem automática em uma determinada data. O símbolo S representa somatório.

4.10. IMPORTAÇÃO, EXPORTAÇÃO E A VARIAÇÃO DA BM

A importação e a exportação afetam a base monetária podendo aumentar ou diminuir a quantidade de moeda afetando consequentemente o crédito no mercado.

Veja o diagrama a seguir:

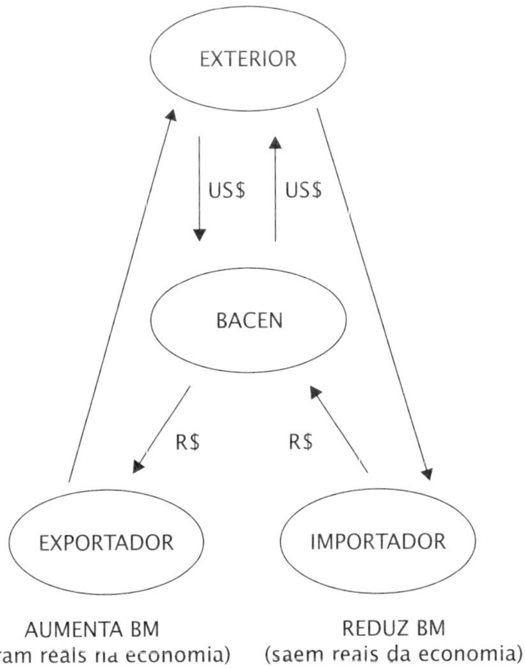

4.11. *SPREAD* BANCÁRIO E A CAPTAÇÃO DE RECURSOS

O *spread* bancário está relacionado à diferença de taxas. Em geral pode ser definida como a diferença entre as taxas de juros cobradas nos empréstimos e aplicações e as taxas de juros pagas nas captações. Podemos dizer que as IFs captam recursos de diferentes origens e características (*funding*); nestes recursos incidem custos operacionais, carga fiscal, entre outros. Os recursos captados serão aplicados a uma taxa K' que gerem retornos maiores que o que se perde na captação (taxa K), criando, assim, um *funding* das IFs.

O Brasil apresenta um dos maiores *spreads* do mundo. Algumas metodologias são adotadas para fazer o cálculo do *spread* e sua evolução:

- Taxa média de aplicação;
- Taxa média de captação;
- Taxa média de *spread* financeiro;
- Taxa de serviços bancários;

- *Spread* total;
- Taxa de inadimplência;
- Taxa de despesas estruturais;
- Taxa de impostos;
- Taxa de resultado da atividade bancária.

No Brasil um alto *Spread* gera um sangramento nas contas públicas, pois o país busca superávits primários constantes para fazer frente às despesas do Governo Federal, afetando, assim, a poupança doméstica (pública).

4.12. AUTORIZAÇÃO DO BACEN PARA FUNCIONAMENTO DAS IFS

Para obter a autorização de funcionamento do Bacen, uma instituição deverá inicialmente fazer uma declaração de propósitos, passando por um projeto de viabilidade econômico-financeira, plano de negócios, além da demonstração de capacidade econômico-financeira compatível com o empreendimento e a autorização expressa de acesso de caráter fiscal a qualquer banco de dados do Brasil. Após o exposto acima, será entregue à instituição uma autorização para constituição. Autorizado, o agente deverá abrir conta reserva bancária, caso seja obrigatório integrar o capital e demonstrar a origem dos recursos que estão sendo empregados no empreendimento.

4.13. QUESTÕES PROPOSTAS

1. **Dentre os instrumentos clássicos de política monetária, assinale aquele que se destaca como o mais ágil, para os objetivos do Bacen, de permanente regulagem da oferta monetária e do custo primário do dinheiro.**
   a) operações de mercado aberto;
   b) depósitos compulsórios;
   c) controle de crédito;
   d) empréstimo de liquidez;
   e) emissão de empréstimo.

2. **Julgue os itens abaixo, assinalando *C* para os instrumentos de controle da política monetária utilizados pelo Bacen e *E* em caso contrário.**
   ( ) depósito a prazo;
   ( ) depósito compulsório;
   ( ) redesconto;
   ( ) desconto de duplicata;
   ( ) operação de *leasing*.

3. **Julgue os itens abaixo:**
( ) À elevação das taxas cobradas as IFs nas operações de assistência de liquidez é elemento de expansão do M1.
( ) Quanto maior o limite operacional de saque das reservas bancárias, maior será a expansão de M1.
( ) É de competência do CMN a fixação das taxas de recolhimento compulsório das IFs.
( ) O depósito compulsório pode se dar sobre os depósitos à vista, os valores em trânsito e depósitos a prazo.

4. **Conforme a Circular nº 3.115, que instituiu a Transferência Eletrônica Disponível, na condição de destinatária da TED, as instituições financeiras titulares de conta-reserva bancárias são obrigadas a dar curso à ordem, desde que o beneficiário esteja perfeitamente identificado e:**
a) a remessa à outra instituição seja de recursos relacionados com o resgate de uma aplicação;
b) a transferência de fundos seja efetuada com a finalidade de depósito de poupança;
c) a finalidade seja condizente com suas atividades;
d) haja identificação do eminente no sistema de liquidação de transferência de fundos;
e) número de inscrição no cadastro Nacional da pessoa jurídica – CNPJ seja do emitente.

5. **(Cesgranrio/Caixa Econômica Federal/2001) A obrigatoriedade do recolhimento do depósito compulsório incide sobre:**
a) todas as instituições componentes do SFN;
b) grandes conglomerados financeiros;
c) sociedades de crédito, financiamento e investimento;
d) instituições financeiras e múltiplas com carteira comercial;
e) bancos comerciais e múltiplos com carteira comercial.

6. **(Cesgranrio/Caixa Econômica Federal/2001) Instrumento mais ágil de política monetária no qual o Bacen vende títulos públicos federais quando há excesso de recursos na economia, ou resgata-os quando há ausência de recursos e é necessário aumentar a liquidez é:**
a) depósito compulsório;
b) mercado Interfinanceiro;
c) *open market*;
d) assistência financeira de liquidez;
e) encaixe financeiro.

7. **(Bacen/2002) Com relação às funções e objetivos do Bacen, avalie as afirmações a seguir e assinale V as verdadeiras e F as falsas. Em seguida, assinale a opção que contém a sequência correta de avaliações.**
( ) O Bacen cumpre e faz cumprir as normas expedidas pelo CMN.
( ) O Bacen possui a responsabilidade do financiamento da atividade agrícola.

( ) O Bacen é o depositário e administrador das reservas internacionais do país.

( ) O Bacen é o depositário e administrador do fundo de garantia do tempo de serviços (FGTS).

a) VVFF.
b) VVVF.
c) VFVV.
d) VFVF.
e) VVFV.

8. (Cespe-UnB/Banco do Brasil/2008) O SFN é estruturado pelo subsistema normativo e pelo subsistema operativo. Vários órgãos possuem atribuições exclusivas e importantes para a tarefa básica de prover um ambiente adequado para a intermediação financeira. Acerca do SFN e do papel de cada um desses órgãos no desenvolvimento dessa tarefa, julgue os próximos itens:

( ) Os bancos de investimento têm a prerrogativa de operar em bolsas de mercadorias futuro, bem como os mercados de balcão, organizados por conta própria ou de terceiros.

( ) O Sistema Especial de Liquidação e Custódia (Selic) foi estruturado pela Associação Nacional das instituições do Mercado Aberto (Andima) e pelo Bacen.

( ) O CMN — instância máxima do SFN — é órgão exclusivamente normativo, com a finalidade principal de formular políticas monetárias, cambial e de crédito.

( ) As comissões consultivas: técnica da moeda e do crédito, normas e organização do sistema Financeiro, e mercado de valores mobiliários e de futuros funcionam junto ao CMN.

( ) A comissão de valores mobiliários (CVM) tem poder disciplinador e fiscalizador, atuando sobre diversos segmentos do mercado, entre os quais se encontram: instituições financeiras, companhias de capital aberto (com valores mobiliários negociados em bolsa e em mercado de balcão), investidores (protegendo seus direitos) e outras entidades do mercado financeiro que transacionem títulos e valores mobiliários (como bolsa de valores e bolsas de mercadorias futuros).

( ) O Conselho Nacional de Recursos do Sistema Financeiro Nacional (CRSFN) é composto por oito conselheiros, entre os quais estão o ministro da Fazenda, representante do Bacen e o representante da CVM.

Gabarito:

1. A
2. E, C, C, E, E
3. C, E, E, E
4. C
5. E
6. C
7. D
8. C, C, C, C, C, E

Capítulo 5

Sistema Bancário

5.1. O SISTEMA BANCÁRIO E A POLÍTICA FISCAL

O banco surgiu como instrumento de redutor de risco. Com o decorrer do tempo os bancos verificaram que parte do dinheiro não era movimentada. Os bancos em regra passam a emprestar as reservas depositadas.

5.2. INTERMEDIAÇÃO BANCÁRIA

Os bancos captam depósitos à vista (conta-corrente) e a prazo (CDB) e aplicam em títulos do governo, privados e empréstimos.

5.3. RISCO

Os bancos absorvem os riscos das transações e então buscam receber a justa remuneração por esta atividade.

5.4. RESERVA COMPULSÓRIA

Os bancos são obrigados a manter em reserva apenas uma parcela dos depósitos para fazer frente aos saques voluntários dos clientes.

5.5. EFEITO MULTIPLICADOR BANCÁRIO

Resulta da expansão da moeda provocada por investimentos periódicos de um mesmo capital, originalmente depositado em um banco, por um acumulador. O controle da oferta de moeda é feito pelo banco central por meio da emissão de títulos e elevação do depósito compulsório. O controle de liquidez é uma técnica de política macroeconômica. Numa economia em retração o Bacen pode intervir aumentando a liquidez, reduzindo, assim, as taxas de juros e incentivando as transações comerciais.

5.6. TEORIA QUANTITATIVA DA MOEDA (TQM)

Precedentes Históricos

No século XIX o valor cambial da libra se deteriora e se procura pela primeira vez uma explicação monetária para flutuações na taxa de câmbio. Neste cenário surge um debate conhecido como Bullion Commitee Report, que é o relatório da comissão do ouro de 1810 e representa a visão bulionista da economia que em 1844 estabelece definitivamente a conversibilidade ouro-nota (é também uma visão ricardiana da economia). Neste período econômico duas doutrinas predominaram: a escola do meio circulante (teoria quantitativa da moeda de Hume e Ricardo) e a Escola bancária (Tooke-Thornton).

Escola do Meio Circulante

Acreditava que o fluxo de ouro na economia gerava um efeito de diminuição ou aumento de circulação da moeda. A emissão excessiva de notas bancárias é gerada pelo aumento no nível geral de preços somado à queda nas reservas em moeda metálicas em um sistema misto. Era defendida uma regulamentação estatutária sob os bancos que assegurasse estoque de papel-moeda por meio da conversibilidade, ou seja, circulação de papel-moeda resgatável em ouro somado a flutuações no estoque de ouro. Era a favor de um Bacen com direito exclusivo de emissão que deveria zelar pela saúde da economia e deveria haver uma regra limite para a autoridade monetária.

Escola Bancária

Acreditava-se que um bom gerenciamento bancário não devia ser legislado, se concentravam em supor que a conversibilidade bastaria para salvaguardar a emissão de notas e manter o balanço de pagamentos em equilíbrio a longo prazo. Era a favor de um Bacen, mas autoridades sem regras.

Escola dos Bancos Livres

Livre emissão de moeda conversível em espécie, a escola defendia que os bancos deveriam competir em todos os setores incluindo a emissão de notas.

Da Libra ao Padrão Ouro

Anteriormente ao tratado de Bretton Woods, a moeda que predomina no cenário mundial era a libra esterlina. A hegemonia inglesa foi predominante durante um grande período de tempo de acordo com sua política econômica agressiva via exploração das colônias. No Brasil, em particular, os produtos ingleses tinham vantagem alfandegária de 1% dos tributos perante os produtos de Portugal (tarifa Alves Branco), dentro deste modelo a Inglaterra globaliza seus produtos, ou seja, escoa sua produção e busca novos mercados, via exploração e vantagens alfandegárias.

Este modelo hegemônico da Inglaterra foi interrompido após a Segunda Guerra Mundial, onde a Inglaterra sai destruída no cenário de guerra e surgem os Estados Unidos no novo cenário econômico mundial.

Conferência de Bretton Woods (1944)

Na conferência de Bretton Woods ficou estabelecido que a principal moeda mundial seria o dólar, eliminando-se, assim, o padrão-ouro e criando-se, desse modo, uma nova ordem mundial. A conferência determinou uma paridade fixa entre as moedas do mundo e do dólar que poderia ser convertida em ouro pelo Bacen americano dando origem a uma paridade internacional fixa. No bojo desta nova ordem, cria-se também um banco responsável pela reconstrução dos países destruídos no pós-guerra. Nasce, então, o Fundo Monetário Internacional (FMI) e o Bird que tem como premissa gerar estabilidade ao sistema financeiro Internacional e desenvolver os países arrasados na Segunda Guerra Mundial.

A Ruptura do Tratado de Bretton Woods

Em 1971, o presidente Richard Nixon cancela o tratado de Bretton Woods não permitindo mais a conversão de dólares em ouro automaticamente, gerando como consequência um efeito dominó no sistema cambial. Os países que detinham dólares ficaram com duas opções: poderiam ser guardados, aumentando suas reservas internacionais, ou vendidos a preço mais barato para aumentar a base monetária e fazer circular a moeda doméstica.

Em 1973, o modelo de ancorar o valor da moeda ao ouro foi abandonado sendo substituído pela flutuação cambial (nova ordem mundial), assim como a emissão de moeda sem lastro na figura do estado emissor. O governo Nixon adotou a postura keynesiana da economia, em que o Estado se faz presente gerando emprego, subsidiando, regulamentando, investindo e alavancando a economia. O modelo de Keynes, que tinha como premissa "o Estado é capital, é o domínio sobre coisas e pessoas", prega a intervenção do Estado na economia neutralizando momentaneamente as forças neoliberais que iram ser postas em prática no mundo, mas neste período Nixon neutraliza a sua prática doméstica e adota o modelo keynesiano.

É no modelo keynesiano que a dívida pública (interna e externa) tem a sua razão de ser, mas ela terá limites e perto deste endividamento público, somadas as perdas dos lucros das multinacionais e empresas privadas espalhadas pelo mundo ressurgirá com todo vigor as ideias neoliberais que, na sua essência, é a busca das empresas a recuperar suas altíssimas taxas de lucro em mercados livres e desregulamentados. O neoliberalismo tem como traço determinante a busca de novos mercados dos países desenvolvidos para escoar suas mercadorias aumentando seus lucros, ressurgindo, assim, as ideias neoliberais de Milton Friedman e a escola de Chicago.

Análise Econômica

O modelo da moeda ancorada ao ouro entra em conflito total com a crise de 1929, representada com a crise total do capitalismo; ou seja, de superprodução.

Neste cenário econômico surge a figura do Estado de forma determinística em que este passa a gastar para comprar o excedente produtivo que encalhou na crise de 1929. De acordo com a teoria keynesiana, a única maneira do capitalismo se generalizar, na ótica do capital, é criar o desequilíbrio orçamentário e a dívida pública dando origem, assim, ao estado emissor de papel-moeda — trata-se da emissão fiduciária na figura do Estado, mecanismo que gera na economia o nascimento da emissão estatal do dinheiro acoplado à dívida pública e desequilíbrio orçamentário, rompendo de maneira definitiva o valor da moeda atrelado ao ouro.

Política Fiscal e Déficit Público

Em regra, a política fiscal se refere à administração das receitas e despesas do governo. A política fiscal trata do montante de recursos que o governo federal disponibilizará para gastos diversos (saúde, funcionário público, projeto social, entre outros).

Caso o governo gere déficits públicos, ele o financiará "pedindo" dinheiro "emprestado" e vendendo títulos no mercado, gerando, assim, a dívida pública. Empresas e investidores institucionais, entre outros, são aqueles que adquirem títulos emitidos pelo governo.

Déficit Público e Dívida Pública

O déficit público pode ser dividido em:

- Déficit Primário: diferença entre gastos e tributos do governo.
- Déficit Operacional: também incluídos os juros da dívida.
- Déficit Nominal: também incluída a correção cambial.

Mecanismos de combate ao Déficit Público

- Alienação de patrimônio ou privatização.
- Emissão de moeda.
- Emissão de títulos.

O déficit financiado pela emissão de títulos é obtido pela relação DIV/PIB.

Estrutura Geral do Déficit Público e o Aumento do Risco País

O déficit público gera um financiamento do governo por meio da emissão de títulos. O governo, aumentando sua dívida, faz crescer a desconfiança do mercado sobre o seu possível pagamento, elevando o risco-país, acarretando a fuga de capitais e desvalorizando o câmbio cuja consequência é pressionar os custos da economia que serão passados para preços, alimentos, serviços, entre outros, aumentando assim a inflação.

De acordo com o processo acima, o Bacen aumenta a taxa de juros para conter a inflação elevando a dívida do governo.

Déficit Público – Visão Keynesiana

O economista Keynes faz uma análise singular associada à dívida pública. A partir do momento que a economia mundial cria o Estado fiduciário, ou seja, estado emissor de moeda, a dívida pública torna-se necessária. O estado passa a gastar gerando déficit permanente na balança de pagamentos. Esta lógica econômica fundamenta-se na figura do Estado para gerar empregos e gastar em qualquer coisa (na gestão Roosevelt, por exemplo, o governo empregou para plantar cactos no deserto). Segundo o economista Lauro Campos, o capitalismo cria a sua contradição, "a crise completa na economia política do não". De acordo com o exposto, o país pode se endividar, mas tem de criar tecnologias, investir nos artigos de luxo e de guerra para escoar as mercadorias produzidas no mundo do capital.

5.7. MERCADO BANCÁRIO

O mercado bancário transaciona ativos financeiros, serviços bancários (empréstimos e depósitos), *spread*, entre outros. Quanto à sua tipologia, podemos definir os bancos como:

- Bancos de negócios.
- Bancos de atacado.
- Bancos de varejo.

Os bancos de negócios se dedicam à intermediação de grandes operações de engenharia financeira; os de atacado trabalham com poucos e grandes clientes; e os de varejo trabalham com o grande público, caracterizado por muitos clientes, independente do tamanho.

5.8. AGÊNCIA BANCÁRIA

A agência bancária é o ponto de atendimento aos clientes. A conta-corrente é o produto básico de relação entre o cliente e o banco, por meio dela são movimentados, — via depósitos, cheques, ordem de pagamento e documentos — recursos dos clientes. No que se refere ao atendimento, este pode ser pessoal (caixas, informações e serviços), autoatendimento (terminais de consulta, balcão eletrônico, caixa rápido, terminais de pagamento e recebimento, entre outros), atendimento remoto e centrais de atendimento.

5.9. BANCOS COMERCIAIS

Os bancos comerciais têm como premissa receber em depósito os recursos monetários da economia (pessoas físicas e jurídicas), tanto sob forma manual (papel-moeda em poder do público) como escritural, em que os bancos comerciais os cria aumentando o volume dos meios de pagamento.

A Caixa

É o local onde as agências possuem reserva de livre movimentação para atender exclusivamente aos pagamentos das agências.

O Caixa

É representado pelas reservas bancárias da agência mantidas em contas de depósitos no Bacen, cujo nível indica sua liquidez no dia a dia ou a capacidade de cada banco expandir seus empréstimos e aplicações.

5.10. CONTA-CORRENTE

A conta-corrente é o produto básico de relação entre o cliente e o banco, pois, por meio dela, são movimentados (via depósitos, cheques, ordens de pagamento) os recursos do cliente.

A Caixa

Quanto a sua tipologia, a conta-corrente pode ser pessoal ou conjunta e esta, por sua vez, costuma ser simples ou solidária.

- Conta pessoal.
- Conta conjunta (simples: assinatura de no mínimo 2 participantes; solidária: assinatura de apenas 1 participante).

5.11. OFERTA DE SERVIÇOS DOS BANCOS

Pode ser caracterizada pela prestação de serviços aos clientes, que aufere ao banco uma remuneração obtida por meio do *float*, cobrança de tarifas de prestação de serviços.

A receita dos bancos sobre os serviços varia em função do depósito compulsório, taxas de inflaçao, entre outros. As tarifas de serviços são fiscalizadas pelo Bacen, sendo em regra, um elemento mercadológico da concorrência dos bancos.

5.12. PRODUTOS E SERVIÇOS

No mercado de crédito, podemos verificar que a conta-corrente é o produto básico de relação entre o cliente e o banco. Neste cenário, o público faz depósitos cuja conta costuma ser movimentada por cheque e a IF banco pode conceder ao público cartões magnéticos (dinheiro de plástico) e cheque especial. Definiremos e caracterizaremos três produtos bancários: cheque; dinheiro de plástico e cheque especial.

5.12.1. Cheque

É uma ordem de pagamento à vista (e título de crédito) devendo ser pago no momento de sua apresentação ao banco sacado, descontando-se o valor de seu saldo em depósito.

Definições importantes

Emitente: é aquele que emite o cheque.

Beneficiário: é a pessoa a favor de quem o cheque é emitido.

Sacado: é o banco onde está depositado o dinheiro do emitente.

Nominal a ordem: Só pode ser apresentado ao banco pelo beneficiário indicado no cheque, podendo ser transferido por endosso do beneficiário.

Ao portador: É aquele que não nomeia um beneficiário indicado no cheque e o cheque é pagável a quem o apresente ao banco sacado.

Cheque comum e cheque especial

Não existe do ponto de vista legal nenhuma diferença, pois todo cheque é uma ordem de pagamento. O chamado cheque especial é um produto que decorre de uma relação contratual em que é fornecido ao cliente linha de crédito para cobrir cheques que ultrapassem o dinheiro em conta-corrente.

Cheque cruzado

O cheque cruzado tem de ser depositado em conta bancária. O banco sacado não considera nenhuma tentativa de inutilizar o cruzamento ou alterar o nome do banco indicado para efetuar o saque do referido cheque.

Depósitos em cheque no dia D

Os depósitos de cheque no dia D passam a constituir saldo contábil para o banco, assim como depósito em dinheiro, fazendo estes depósitos como uma das bases de cálculo do depósito compulsório.

Valor de um cheque

Após o plano Collor, todos os cheques acima de R$100,00 devem obrigatoriamente ser nominativos, caso contrário serão devolvidos. O Mini estabelece regras a serem seguidas pelos bancos e as penalidades para o emitente dos cheques.

Prazo de Prescrição

O prazo de prescrição é de 180 dias após encerrado o prazo de apresentação. Na mesma praça, o prazo é de 30 dias quando tiver de ser pago, e 60 dias quando emitido em outro lugar do país ou exterior.

Troca de cheques

Cheques trocados em:	prazo de devolução (em dias úteis)
Capitais	3
Capitais e interior	4
Cidades do interior	5
Regiões de difícil acesso	6

Compensação de cheques e outros papéis

É regulado pelo Bacen e executado pelo Banco do Brasil, e permite a cobrança de cheques, transferência de fundos, entre outros.

5.12.2. Dinheiro de Plástico

O dinheiro de plástico caracteriza-se através de cartões inteligentes. Por meio do processo eletrônico, armazenam-se informações que serão utilizadas como moeda durante a aquisição de bens e serviços.

- Cartão magnético: emitidos pelo banco, acesso a saques, saldos, extratos, transferências, banco 24 horas.
- Cartão de débito: cartões de compra (*status* cliente preferencial).
- Cartão de crédito: de uma maneira geral, podemos dizer que figuram três agentes:
  Orgão emissor: pessoa jurídica (administradoras de cartão de crédito) intermediária entre o titular do cartão e o vendedor;
  Titular do cartão: assina um contrato de financiamento com o emissor em que são estabelecidas cláusulas;
  Vendedor ou fornecedor: emissor assina um contrato com o fornecedor regulando a relação entre ambos e estabelecendo forma e condição de como irá efetuar o pagamento das compras.

Certificado de Depósito Interbancário

Operação restrita ao mercado interbancário, que tem como objetivo transferir recursos de uma instituição para outra. As operações são fechadas por meio eletrônico e registradas na Cetip, não há taxação ou incidência de impostos. As operações são privativas dos bancos e *brokers*. As taxas de CDI *Over* representam o custo da troca de reservas interbancárias por 1 dia e estabelecem o parâmetro de taxas para operações de curtíssimos prazos.

5.13. QUESTÕES COMENTADAS

1. **(Cesgranrio/Banco do Brasil/2010) Os depósitos à vista são os recursos captados dos clientes pelos bancos comerciais que, para facilitar livre movimentação desses recursos, disponibilizam o serviço bancário sem remuneração denominado:**
   a) certificado de Depósito Bancário (CDB);
   b) conta-corrente;
   c) poupança;
   d) cartão de crédito;
   e) fundo de investimento.

Comentário:

O depósito em conta-corrente, ou simplesmente depósito à vista, permite aos bancos a captação de recursos com os clientes. A não remuneração é uma de suas características.

Gabarito: B.

2. **(Cesgranrio/Banco do Brasil/2010) A caderneta de poupança é a aplicação mais simples e tradicional no mercado financeiro nacional, sendo uma das poucas em que o cliente pode aplicar pequenas somas e ter liquidez. Atualmente, a maior vantagem da caderneta de poupança em relação a outros investimentos é a:**
   a) flexibilidade na data dos saques sem prejudicar os rendimentos;
   b) flexibilidade no registro da documentação para abertura da conta;
   c) isenção de taxas e tarifas bancárias;
   d) isenção de imposto de renda;
   e) maior rentabilidade oferecida.

Comentário:

O baixo risco da aplicação mais popular do Brasil – a caderneta de poupança – é um dos grandes atrativos para os investidores. Além disso, o Bacen controla suas regras de remuneração. Outro atrativo é que os ganhos obtidos em tal investimento não são tributáveis, ou seja, há isenção de imposto de renda para as aplicações em cadernetas de poupança.

Gabarito: D.

5.14. QUESTÕES PROPOSTAS

1. **Quando a inflação é causada por problemas de demanda, a política econômica adequada para enfrentar o problema é:**
   a) Política fiscal expansionista de elevação do gasto público.
   b) Política fiscal contracionista de elevação das transferências do governo para o setor privado.
   c) Política monetária expansionista de elevação da oferta monetária.
   d) Política monetária contracionista de redução da oferta monetária.
   e) NDA.

2. **De acordo com a teoria quantitativa da moeda, variações nos preços são causadas por:**
   a) Aumento do produto.
   b) Estabilidade na velocidade-renda moeda.
   c) Elevação do estoque de moeda.
   d) Redução do estoque de moeda.
   e) Estabilidade no estoque de moeda.

3. **A propósito do conceito de multiplicador bancário dos meios de pagamento em relação à base monetária, é correto afirmar que:**
   a) Quanto maior a relação de depósitos compulsórios dos bancos comerciais no Bacen, depósitos à vista nos bancos comerciais, maior o multiplicador.
   b) Quanto maior a proporção dos meios de pagamento retida pelo público em forma de depósitos à vista nos bancos comerciais, maior o multiplicador.
   c) Quanto maior a relação encaixe total, depósitos à vista nos bancos comerciais, maior o multiplicador.
   d) Quanto maior a proporção dos meios de pagamento retida pelo banco, menor o multiplicador bancário.
   e) Quanto maior a relação depósitos voluntários dos bancos comerciais no banco Central, depósitos à vista nos bancos comerciais, maior o multiplicador.

4. **(Cesgranrio/Banco do Brasil/2010) Para financiar suas necessidades de curto prazo, algumas empresas utilizam linhas de crédito abertas com determinado limite cujos encargos são cobrados de acordo com sua utilização, sendo o crédito liberado após a entrega de duplicatas, o que garantirá a operação.**
   Esse produto bancário é o:
   a) Crédito Direto ao Consumidor (CDC);
   b) Empréstimo compulsório;
   c) Crédito rotativo;
   d) Capital alavancado;
   e) Cheque especial.

5. **(Cesgranrio/Banco do Brasil/2010) A operação bancária de *vendor finance* é a prática de financiamento de vendas com base no princípio da:**
   a) obtenção de receitas, que viabiliza vantagens para o cliente em uma transação comercial;
   b) cessão de crédito, que permite a uma empresa vender seu produto a prazo e receber à vista o pagamento do banco, mediante o pagamento de juros;
   c) concentração do risco de crédito, que fica por conta da empresa compradora em troca de uma redução da taxa de juros na operação do financiamento das vendas;
   d) troca ou negociação de títulos de curto prazo por recebíveis de longo prazo, sem custos para ambas as partes;
   e) retenção de crédito lastreado por títulos públicos e vinculado a transações comerciais, garantindo ao vendedor o recebimento total de sua duplicata.

6. **(FCC/Banco do Brasil/2010) As cadernetas de poupança remuneram o investidor à taxa de juros de 6% ao ano com capitalização:**
   a) mensal e atualização pelo Índice Nacional de Preços ao Consumidor Amplo – IPCA;
   b) trimestral e atualização pela Taxa Referencial – TR;
   c) semestral e atualização pelo Índice Geral de Preços – IGP;
   d) mensal e atualização pela Taxa Referencial – TR;
   e) diária e atualização pelo Índice Geral de Preços do Mercado – IGP-M.

7. (Cespe-UnB/Banco do Brasil/2008) Acerca da caderneta de poupança, produto tradicional de captação financeira no Brasil, que se caracteriza por depósitos que acumulam juros e correção monetária, julgue os itens a seguir:

( ) Os valores depositados e mantidos em depósito por prazo inferior a um mês recebem remuneração correspondente aos dias de depósito e proporcionalmente àquela estabelecida para o mês.

( ) Os depósitos em caderneta de poupança efetuados nos dia 29, 30 e 31 de determinado mês serão remunerados o dia 1º do mês seguinte, aplicando-se o índice correspondente ao dia 1º do mês do depósito.

( ) O dinheiro depositado em caderneta de poupança somente poderá ser sacado depois de transcorrido prazo fixado por ocasião do depósito.

8. Os produtos bancários são serviços ofertados a todo mercado financeiro. Julgue os itens abaixo:

( ) não podemos considerar a abertura e manutenção de conta-corrente como um serviço do banco, pois sua existência é condição básica para que o banco possa prestar os serviços dentro de um sistema financeiro;

( ) uma pessoa qualquer, mesmo sem ser correntista de um banco, pode usufruir dos serviços prestados por ele.

( ) o conceito de *remote banking*, tem por base, entre outras razões, a economia gerada pelo autoatendimento do cliente.

( ) a venda de planos de previdência privada aberta ou de seguros em geral pelos bancos, pode ser considerada como uma prestação de serviços.

( ) a cobrança pela emissão de extratos é de livre responsabilidade dos bancos, apesar de serem acompanhadas pelo Bacen.

9. Assinale a afirmativa incorreta:

a) A reciprocidade dos clientes (uso dos produtos bancários) pode influenciar positivamente na redução das tarifas de serviços cobradas aos clientes pelo banco.

b) Desde 1996 é proibida pelo Bacen, aos bancos comerciais, a cobrança pelo fornecimento de talão de cheques aos clientes, à razão de um talão com 20 folhas por mês.

c) É fornecido gratuitamente ao cliente o primeiro cartão magnético e os que vierem a seguir em caso de perda de validade, salvo se por roubo, perda ou solicitação do correntista.

d) A entrega de cheques pagos do correntista (ou cópia dos mesmos), não pode ser cobrada pelo banco desde que o cliente solicite este serviço em até 60 dias da liquidação do cheque.

e) O fornecimento de extrato bancário, mesmo à razão de 1 por mês, não é gratuito para o cliente.

10. O cheque é uma ordem de pagamento à vista, podendo ser emitido sob várias modalidades e com vários objetivos. Neste contexto, julgue os itens abaixo:

( ) O cheque com cruzamento simples pode ser sacado diretamente no caixa.

( ) O cheque que é emitido por uma instituição bancária para utilização de terceiros, é denominado cheque administrativo ou comprado.

( ) O cruzamento em preto não pode ser cancelado sob hipótese alguma.

( ) Um cheque visado é aquele que obrigatoriamente será pago pela agência sacada pois os fundos para tal encontram-se bloqueados.

11. (Cespe-UnB/Banco do Brasil/2008) Depósitos à vista são os que estão totalmente disponíveis para o cliente, ou seja, o cliente pode sacá-los quando quiser. Com a evolução dos serviços de acesso ao Sistema Financeiro (a chamada inclusão financeira), houve a criação de muitos tipos específicos de contas. Atualmente, existem vários tipos de contas que permitem depósitos à vista. Com relação a esses tipos de contas, julgue os itens que se seguem.

( ) Para as contas-correntes, é vedada às instituiçoes financeiras a cobrança de remuneração pelo fornecimento de cartão magnético ou, alternativamente, a critério do correntista, de um talonário de cheques com pelo menos vinte folhas por mês.

( ) A conta de investimento permite ao investidor migrar de um investimento para outro, inclusive entre bancos diferentes, sem o pagamento de contribuição provisória sobre movimentação financeira (CPMF).

( ) A conta especial de depósitos à vista (conta simplificada para clientes de baixa renda) é individual (apenas um titular). Cada cliente pode ter somente uma conta e não pode ser correntista em qualquer outra instituição financeira. Essa conta é movimentada exclusivamente com cartão magnético, tem alíquota zero de CPMF e franquia mensal de 4 extratos, 4 depósitos e 4 saques.

( ) A conta-salário é um tipo especial de conta de depósito à vista destinada a receber salários, vencimento, aposentadorias, pensões e similares. É individual, não é movimentável por cheques, é isenta da cobrança de tarifas e tem alíquota zero de CPMF.

12. (Cesgranrio/Banco do Brasil/2010) As operações de garantia bancária são operações em que o banco se solidariza com o cliente em riscos por este assumidos. O aval bancário, por exemplo, é uma garantia que gera:

a) obrigação assumida pelo Banco, a fim de assegurar o pagamento de um título de crédito para um cliente;

b) obrigação solidária do Banco credor para com o seu cliente mediante a assinatura de um contrato de câmbio;

c) direito real para o Banco em face ao seu cliente e se constitui, pela tradição efetiva, em garantia de coisa móvel passível de apropriação entregue pelo devedor;

d) responsabilidade acessória pelo Banco, quando assume total ou parcialmente o dever do cumprimento de qualquer obrigação de seu cliente devedor;

e) passivo para cliente tomador de um empréstimo contra o Banco credor, colocando seus bens à disposição para garantir a operação.

Gabarito:

1. D
2. C
3. D
4. C
5. B
6. D
7. E, E, E
8. E, C, C, C, C
9. E
10. E, C, C, E
11. E, C, E, E
12. A

Capítulo 6

As Instituições Financeiras

6.1. COMISSÃO DE VALORES MOBILIÁRIOS (CVM)

A CVM tem a função de regulamentar e fiscalizar o mercado de capitais. Trata-se de uma autarquia vinculada ao Ministério da Fazenda do Brasil. Na verdade sua extensão é um pouco maior, pois a CVM disciplina, regulamenta e fiscaliza valores mobiliários, atuando, assim, nas bolsas de mercadorias e de futuros, nas entidades do mercado de balcão organizado e nas entidades de compensação e liquidação de operações com valores mobiliários.

São valores mobiliários (conforme estabelecido na Lei nº 6.385, de 7/12/1976, com redação dada pela Lei nº 10.303, de 31/10/2001):

I – as ações, debêntures e bônus de subscrição;

II – os cupons, direitos, recibos de subscrição e certificados de desdobramento relativos aos valores mobiliários referidos no inciso II;

III – os certificados de depósito de valores mobiliários;

IV – as cédulas de debêntures;

V – as cotas de fundos de investimento em valores mobiliários ou de clubes de investimento em quaisquer ativos;

VI – as notas comerciais;

VII – os contratos futuros, de opções e outros derivativos, cujos ativos subjacentes sejam valores mobiliários;

VIII – outros contratos derivativos, independentemente dos ativos subjacentes; e

IX – quando ofertados publicamente, quaisquer outros títulos ou contratos de investimento coletivo, que gerem direito de participação, de parceria ou de remuneração, inclusive resultante de prestação de serviços, cujos rendimentos advêm do esforço do empreendedor ou de terceiros.

6.2. BNDES

É um órgão de execução da política de investimentos a longo prazo do governo federal, vinculada ao Ministério do Planejamento. É uma IF de fomento do país; apoia investimentos estratégicos e, particularmente, o desenvolvimento da empresa privada nacional, tendo como objetivo impulsionar o desenvolvimento econômico e social do país.

Nos governos Fernando Collor de Melo e Fernando Henrique Cardoso, o BNDES ficou com a responsabilidade de gerir todo o processo de privatização das empresas estatais.

6.3. CAIXA ECONÔMICA FEDERAL (CEF)

Instituição financeira responsável pela operacionalização das políticas do governo federal para habitação popular e saneamento básico, caracterizando-se cada vez mais como banco de apoio ao trabalhador de baixa renda.

A fonte de recursos oriundos dos depósitos em cadernetas de poupança e o recolhimento do Fundo de Garantia por Tempo de Serviço (FGTS) são aplicados dentro da política de interesse do Governo Federal.

São fontes de obtenção de recursos da CEF:

- Loterias.
- Fundos e programas como FGTS, Fundo de Compensação de Variações Salariais, Programa de Integração Social (PIS), Fundo de Apoio ao Desenvolvimento Social (FAS), Fundo de Desenvolvimento Social (FDS).

6.4. CONSELHO DE RECURSOS DO SISTEMA FINANCEIRO NACIONAL (CRSFN)

É um órgão integrante do Ministério da Fazenda que julga em segunda e última instâncias os recursos interpostos das decisões relativas à aplicação de penalidades administrativas pelo Bacen e CVM. É um órgão colegiado, de segundo grau, sua secretaria executiva funciona no edifício sede do Bacen. O CRSFN é integrado por oito conselheiros, um representante do Ministério da Fazenda, Bacen, CEF e CVM e mais quatro representantes das entidades de classe do mercado financeiro e de capitais.

6.5. BANCOS COMERCIAIS

São classificados como instituições monetárias por ter o poder de criação de moeda escritural. Recebem depósitos à vista em contas de movimento e efetuam empréstimos a curto prazo, principalmente para capital de giro das empresas.

Suas atividades e funcionamento são fiscalizados pelo Bacen e por meio desse órgão às autoridades monetárias controlam a liquidez do sistema bancário.

6.6. BANCOS DE INVESTIMENTO

Instituições criadas para canalizar recursos de médio e longo prazos para suprimento de capital fixo ou de giro das empresas com o objetivo de dilatar o prazo de empréstimos e financiamento, visando a fortalecer a capitalização das empresas, por meio de aquisição de máquinas e equipamentos, bem como a subscrição de ações e debêntures.

Uma característica dos bancos de investimento é que eles não podem efetuar captação de depósitos por meio de conta-corrente, podendo obter recursos pela emissão de CDB e RDB venda de cotas de fundo, além de captação e repasse de recursos de origens interna e externa.

Os bancos de investimentos podem efetuar:

- Empréstimo a prazo mínimo de 1 ano para capital fixo e de giro.
- Aquisição de ações, títulos e valores mobiliários para investimento ou revenda no mercado de capitais (operação *Underwriting*).
- Repasses de empréstimos obtidos no exterior; repasse de recursos retidos no país.

6.7. SOCIEDADES DISTRIBUIDORAS DE VALORES MOBILIÁRIOS (SDVM)

São sociedades anônimas ou sociedades por cotas de responsabilidade limitada cuja autorização para funcionar é dada pelo Bacen.

Não têm acesso à bolsa de valores e têm como atividade básica a subscrição isolada de um consórcio de emissão de títulos e valores mobiliários para revenda; operações no mercado aberto.

6.8. SOCIEDADES CORRETORAS

São IFs constituídas como sociedades anônimas ou sociedades por cotas de responsabilidade limitada, sua principal função é a de promover de forma eficiente a aproximação entre compradores e vendedores de títulos e valores mobiliários, dando a estes negociabilidade adequada por meio de operações realizadas em recinto próprio.

6.9. COMPANHIAS HIPOTECÁRIAS

A constituição bem como o funcionamento dependem da autorização do Bacen. Têm como objetivos sociais: conceder financiamentos destinados à produção, reforma ou comercialização de imóveis residenciais ou comerciais e lotes urbanos; comprar, vender e refinanciar créditos hipotecários de próprios ou terceiros; administrar fundos de investimento imobiliário.

6.10. AGÊNCIAS DE FOMENTO

São regulamentadas pelo CMN e têm sua origem nos bancos estaduais; caso venha a ter problemas de liquidez, a responsabilidade é do governo do respectivo estado.

Seus recursos são oriundos do orçamento da união, estados e municípios, além de captarem créditos de longo prazo de instituições de desenvolvimento oficiais.

Tais agências não podem captar recursos junto ao público e nem têm acesso a contas de reservas do Bacen, bem como ao mercado interbancário, linhas de redesconto, mas serão fiscalizadas pelo Bacen.

As agências de fomento devem ter no mínimo capital de R$ 4 milhões e seu patrimônio líquido deve ser compatível com as regras estabelecidas no acordo de Basileia.

6.11. BANCOS COOPERATIVOS

Tais bancos devem operar restritamente dentro da Unidade da Federação (estado) de sua sede. Conforme o acordo de Basileia, o patrimônio líquido dos bancos cooperativos deve representar 15% dos ativos ponderados.

O Bacen por meio da Resolução nº 2193/1995 autoriza as cooperativas a abrirem seus próprios bancos comerciais podendo ter talão de cheques; emitir cartão de crédito; fazer compensação de documentos; administrar a carteira de crédito.

6. 12. BANCOS MÚLTIPLOS

Criados por meio da Resolução nº 1.524/1988 do Bacen por decisão do CMN. São carteiras de um banco múltiplo, como a carteira comercial; de investimento; de crédito imobiliário; de aceite; de desenvolvimento; de *leasing*.

Para que exista a configuração de banco múltiplo, o mesmo deve possuir, no mínimo, duas das carteiras citadas acima.

6.13. BANCOS MÚTUOS DE INVESTIMENTO

Constituídos sob forma de condomínio aberto, representando a reunião de recursos de poupança, cujo destino será a aplicação em carteira diversificada de títulos e valores mobiliários. O objetivo desses fundos é propiciar a seus participantes uma valorização de cotas, a um custo global baixo. Por outro lado esses recursos se constituem em fonte cujo objetivo será de investimentos em capital permanente de empresas.

6. 14. QUESTÕES COMENTADAS

1. **(Cesgranrio/Banco do Brasil/2010) A Comissão de Valores Mobiliários (CVM) é uma autarquia ligada ao Poder Executivo que atua sob a direção do Conselho Monetário Nacional e tem por finalidade básica:**
   a) normatização e controle do mercado de valores mobiliários;
   b) compra e venda de ações no mercado da Bolsa de Valores;
   c) fiscalização das empresas de capital fechado;
   d) captação de recursos no mercado internacional;
   e) manutenção da política monetária.

Comentário:

A CVM é uma autarquia normativa do sistema financeiro especificamente voltado para o mercado mobiliário, regulamentando-o, disciplinado-o e fiscalizando-o.

Gabarito: A.

2. **(FCC/Banco do Brasil/2006) O mercado de capitais pode atuar positivamente para o crescimento econômico. Para que esse mercado cumpra seu papel, dentre as condições necessárias, é correto mencionar:**
   a) assegurar a observância de práticas comerciais equitativas no mercado de valores mobiliários, o que constitui uma função da Comissão de Valores Mobiliários;
   b) fiscalizar e inspecionar as companhias abertas, o que constitui uma função do Banco Central do Brasil;
   c) fiscalizar permanentemente as atividades e os serviços do mercado de valores mobiliários, o que constitui uma função da Superintendência de Seguros Privados;
   d) apurar e punir condutas fraudulentas no mercado de valores mobiliários, o que constitui uma função do Tesouro Nacional;
   e) prevenir ou corrigir situações anormais do mercado, inclusive com a suspensão da negociação de determinado valor mobiliário, o que constitui função do Conselho Monetário Nacional.

Comentário:

São poderes da CVM:

- Normalizar o que diz respeito ao mercado de valores mobiliários.
- Fiscalizar a atuação dos diversos integrantes do mercado.
- Disciplinar as seguintes matérias:
  - Registro de companhias abertas;
  - Registro de distribuições de valores mobiliários;
  - Credenciamento de auditores independentes e administradores de carteiras de valores mobiliários;
  - Organização, funcionamento e operações das bolsas de valores;
  - Negociação e intermediação no mercado de valores mobiliários;
  - Administração de carteiras e a custódia de valores mobiliários;
  - Suspensão ou cancelamento de registros, credenciamentos ou autorizações;
  - Suspensão de emissão, distribuição ou negociação de determinado valor mobiliário ou decretar recesso de bolsa de valores.

Gabarito: A.

6. 15. QUESTÕES PROPOSTAS

1. Com relação à atividade de um banco de investimento, julgue os itens abaixo:

( ) Ficam responsabilizados pela subscrição de papéis que serão colocados pela primeira vez no mercado.

( ) A operação de subscrição consiste na compra pelo banco de investimento dos títulos emitidos pelo tomador, adiantando os recursos para este último e mantendo os papéis em carteira para a colocação posterior no mercado.

( ) A função do banco de investimento é permitir às empresas que desejam investir, ou a governos que têm planos de gastar, poder fazê-lo na época que lhe seja mais favorável, em vez de ter que esperar que o mercado; isto é, compradores finais de títulos que sejma receptivos a essas emissões.

2. O BNDES foi fundado em 1952 e é uma instituição responsável pela política de investimentos de longo prazo do governo federal, sendo a principal IF responsável pelo estímulo ao desenvolvimento econômico e social do país. Com relação a seus objetivos básicos, julgue os itens abaixo:

( ) Impulsiona o desenvolvimento econômico do país.

( ) Não fortalece o setor empresarial, apenas setores do governo (empresas públicas como a Petrobras).

( ) Não cabe ao BNDES atenuar os desequilíbrios regionais, visto que o governo tem uma política de produção para cada região.

( ) Promove o crescimento e a diversificação das exportações.

( ) Tem como objetivo apoio a programas sociais.
( ) Fortalece o mercado de capitais através de mecanismos de engenharia financeira.

3. **(CEF – Vunesp – 2005) Faz parte das principais atribuições da comissão de valores mobiliários:**
   a) regularizar a execução dos serviços de compensação de cheques;
   b) zelar pela liquidez e solvência das instituições financeiras;
   c) executar os serviços de meio circulante;
   d) exercer fiscalização das instituições financeiras;
   e) disciplinar e fiscalizar a organização e funcionamento e as operações das bolsas de valores.

4. **(Cespe-UnB/Banco do Brasil/2008) A cerca da comissão de valores mobiliários (CVM), órgão normativo do SFN, ligado ao Ministério da Fazenda e voltado para o desenvolvimento, a disciplina e a fiscalização do mercado mobiliário, julgue os próximos itens:**
   ( ) A CVM é o órgão do SFN responsável pela fiscalização das operações de câmbio e de consórcios.
   ( ) A CVM tem como um dos principais objetivos assegurar o acesso do público às informações sobre valores mobiliários negociados, assim como às companhias que os tenham emitido.

5. **(Cespe-UnB/Banco do Brasil/2008) O Conselho de Recursos do Sistema Financeiro Nacional (CRSFN) é um órgão colegiado, de segundo grau, integrante da estrutura do Ministério da Fazenda, cuja secretaria executiva funciona no edifício sede do Bacen. Acerca do CRSFN, julgue os itens que se seguem:**
   ( ) Constituem atribuições do CRSFN: adaptar os volumes dos meios de pagamento às reais necessidades da economia; regular o valor interno e externo da moeda e o equilíbrio do balanço de pagamentos.
   ( ) Ao receber intimação decisória de processo administrativo do Bacen, da CVM, do Ministério do Desenvolvimento, Indústria e Comércio, da Secretaria de Comércio Exterior (Secex) ou do Ministério da Fazenda, da Secretaria da Receita Federal (SRF), o(s) interessado(s) poderá (ão) interpor recursos ao CRSFN, no prazo estipulado na intimação, devendo entregá-lo mediante recibo ao respectivo órgão instaurador.

6. **(Cespe-UnB/Banco do Brasil/2008) Bancos comerciais são instituições financeiras privadas ou públicas que têm como objetivo principal proporcionar suprimento de recursos necessários para financiar, a curto e a médio prazos, o comércio, a indústria, as empresas prestadoras de serviços, as pessoas físicas e terceiros em geral. No que se refere aos bancos comerciais, julgue os itens a seguir.**
   ( ) Na denominação dos bancos comerciais, é vedado o uso da palavra Central.
   ( ) Os bancos comerciais não podem captar depósitos a prazo.

7. **(Cespe-UnB/Banco do Brasil/2008) Bancos múltiplos são instituições financeiras privadas ou públicas que realizam operações ativas, passivas e acessórias de diversas instituições financeiras, por intermédio das seguintes carteiras: comercial, de investimento e/ou desenvolvimento, de crédito imobiliário, de arrendamento mercantil e de crédito, financiamento e investimento. Com relação aos bancos múltiplos, julgue os itens abaixo:**
   ( ) Os bancos múltiplos devem ser constituídos com, no mínimo, duas carteiras, sendo uma delas, obrigatoriamente, comercial ou de investimento.
   ( ) A carteira de desenvolvimento pode ser operada por banco múltiplo e por banco público.

8. **(Cesgranrio/Banco do Brasil/2010) A Lei nº 9.613, de 1998, que dispõe sobre os crimes de lavagem de dinheiro e ocultação de bens, determina que as instituições financeiras adotem alguns mecanismos de prevenção. Dentre esses mecanismos, as instituições financeiras deverão:**
   a) instalar equipamentos de detecção de metais na entrada dos estabelecimentos onde acontecem as transações financeiras;
   b) verificar se os seus clientes são pessoas politicamente expostas, impedindo qualquer tipo de transação financeira, caso haja a positivação dessa consulta;
   c) identificar seus clientes e manter seus cadastros atualizados nos termos de instruções emanadas pelas autoridades competentes;
   d) comunicar previamente aos clientes suspeitos de lavagem de dinheiro as possíveis sanções que estes sofrerão, caso continuem com a prática criminosa;
   e) registrar as operações suspeitas em um sistema apropriado e enviar para a polícia civil a lista dos possíveis criminosos, com a descrição das operações realizadas.

Gabarito:

1. C, C, C
2. C, E, E, E, E, E
3. E
4. E, C
5. E, C
6. C, E
7. C, E
8. C

Capítulo 7

Factoring

A origem da palavra *factoring* vem da terminologia *facio, facis, factum* — aquele que faz alguma coisa, que desenvolve ou fomenta uma atividade (agente mercantil). O *factor* na sua origem é um consultor de negócios.

O *factoring* é caracterizado por uma atividade comercial mista atípica prestadora de serviços associada à compra de direitos de um contrato de venda mercantil.

A empresa de *factoring* não é banco, pois não empresta dinheiro; presta, sim, serviços e créditos, não necessitando de autorização do Bacen. E não é banco, suas normas e regulamentos são editados pela Anfac (Associação Nacional das Sociedades de Fomento Mercantil).

De maneira mais ampla, o fomento mercantil pode ser entendido como uma prestação contínua de serviços de alavancagem mercadológica, de avaliação de fornecedores, clientes e sacados, de acompanhamento de contas a receber entre outros serviços.

7.1. COMPRA E VENDA MERCANTIL

No contrato de fomento mercantil, a empresa (comercial ou de serviços) vende seus créditos à *factoring*, e esta os adquire, pagando-as à vista, passando a ser a legítima detentora do título.

No contrato, é vedado direito de regresso da *factoring* contra a empresa que lhe cedeu os créditos, caso haja inadimplência do devedor. O risco assumido do não pagamento do terceiro é, portanto, inerente a esta atividade. Em regra, responde a empresa que cedeu os créditos em caso de inexistência, nulidade ou vício de crédito, que lhe impossibilite o pagamento.

7.2. FINALIDADES

A finalidade principal da empresa de *factoring* é o fomento mercantil. Essas operações de fomento mercantil são direcionadas às pequenas e médias empresas que, quase sempre, encontram dificuldades em obter recursos nos bancos. O *factoring* também presta serviços à empresa-cliente, em outras áreas administrativas.

7.3. VANTAGENS

A empresa recebe à vista suas vendas feitas a prazo, melhorando o fluxo de caixa para:

- movimentar os negócios;
- assessoria administrativa;
- cobrança de títulos ou direitos de créditos;
- agilidade e rapidez nas decisões;
- intermediação entre a empresa e seu fornecedor;
- a compra de matéria-prima à vista, gerando vantagens e competitividade;
- análise de risco e assessoria na concessão de créditos a clientes.

7.4. MODALIDADES

No mercado brasileiro o *factoring* é mais atuante na modalidade convencional. Segue um pequeno resumo das principais modalidades:

- Convencional – É a compra dos direitos de créditos das empresas fomentadas, através de um contrato de fomento mercantil.
- *Maturity* – A *factoring* passa a administrar as contas a receber da empresa fomentada, eliminando as preocupações com cobrança.
- *Trustee* – Além da cobrança e da compra de títulos, a *factoring* presta assessorias administrativa e financeira às empresas fomentadas.
- Exportação – Nessa modalidade, a exportação é intermediada por duas empresas de *factoring* (uma de cada país envolvido), que garantem a operacionalidade e liquidação do negócio.
- *Factoring* Matéria-Prima – A *factoring* nesse caso transforma-se em intermediário entre a empresa fomentada e seu fornecedor de matéria-prima. A *factoring* compra à vista o direito futuro deste fornecedor e a empresa paga ao *factoring* com o faturamento gerado pela transformação desta matéria-prima.

7.5. PÚBLICO-ALVO

O *factoring* é destinado exclusivamente às pessoas jurídicas, principalmente às pequenas e médias empresas.

7.6. QUESTÕES COMENTADAS

1. **(Cesgranrio/Banco do Brasil/2010) A operação de antecipação de um recebimento, ou seja, venda de uma duplicata (crédito a receber) para uma sociedade de fomento mercantil, mediante o pagamento de uma taxa percentual atrelada ao valor de face da duplicata, constitui o:**
   a) *leasing*;
   b) *hot money*;
   c) *spread*;
   d) *factoring*;
   e) *funding*.

Comentário:

No fomento mercantil (*factoring*), a empresa vende seus créditos (duplicatas) à empresa de fomento mercantil. Após um pagamento à vista, esta última passa a ser a legítima detentora do título.

Tais operações de fomento mercantil são direcionadas a pequenas e médias empresas que, quase sempre, encontram dificuldades em obter recursos junto nos bancos. A empresa de *factoring* também pode prestar serviços à empresa-cliente, em outras áreas administrativas.

Gabarito: D.

2. **(FCC/Banco do Brasil/2006) Analise:**
   I. Uma operação de *factoring* consiste na aquisição de direitos creditórios resultantes de vendas mercantis a prazo.
   II. Os títulos de crédito descontados por meio do *factoring* servem como garantia da operação, caso o sacador não realize o pagamento da dívida no prazo e na forma combinados.
   III. O risco de crédito dos títulos que são objeto das operações de *factoring* é de responsabilidade da empresa vendedora.
   IV. Há incidência de IOF sobre os juros pagos em uma operação de *factoring*.
   É correto o que consta em:
   a) I, apenas;
   b) I, II e III, apenas;
   c) III e IV, apenas;
   d) II, III e IV, apenas;
   e) I, II, III e IV.

Comentário:

O *factoring* depende exclusivamente de recursos próprios, pois conjuga a compra de direitos de créditos com a prestação de serviços; o risco assumido do não pagamento do não é de responsabilidade da empresa vendedora.

A transferência do título de crédito para a empresa de *factoring* requer a comunicação ao cliente devedor (sendo este o cliente da empresa que vende os títulos de crédito representativos de suas vendas para uma empresa de fomento mercantil), assim como a sua manifestação da aceitação quanto à transferência da titularidade de sua dívida (para o devedor representa um novo credor).

O *factoring* na verdade não é uma atividade financeira, ela pois não pode fazer captação de recursos de terceiros, nem intermediar para emprestar estes recursos, como os bancos, assim como não desconta títulos e não faz financiamentos (logo não há incidência de IOF).

Gabarito: A.

7.7. QUESTÕES PROPOSTAS

1. **(Banco de Brasília/2001) Nas operações de fomento mercantil (*Factoring*):**
   I. não há captação de recursos;
   II. os financiamentos são efetuados mediante o desconto de títulos;
   III. ocorrem transações de natureza mercantil;
   IV. o devedor é a empresa sacada.
   A quantidade de itens corretos é igual a:
   a) 0;
   b) 1;
   c) 2;
   d) 3;
   e) 4.

2. **(CEF/2001) O fomento mercantil, ao contrário de outros contratos, principalmente no Brasil, é um fenômeno novo em plena evolução, e que aos poucos, por múltiplas razões, está assumindo fisionomia própria. O fomento mercantil é o resultado da coordenação de uma série de serviços e de compra de direitos em apoio às pequenas e médias empresas, seu mercado-alvo. A principal atividade da sociedade de fomento mercantil consiste em oferecer serviços a sua empresa-cliente.**
   Em relação ao assunto do texto acima, julgue os itens seguintes:
   ( ) A gestão de caixa e de estoques e negociação com fornecedores são exemplos de serviços que uma empresa de fomento mercantil pode prestar às suas empresas-cliente.
   ( ) O funcionamento de uma sociedade de fomento mercantil necessita de autorização do Bacen.

( ) À empresa de fomento mercantil, é proibido fazer captação de dinheiro no mercado e emprestar dinheiro.
( ) A empresa de fomento mercantil não pode ter como clientes pessoas físicas
( ) Usualmente, os clientes da empresa de fomento mercantil são pequenas e médias empresas.

3. (Banco do Brasil/1999) Uma operação de fomento comercial (*factoring*)

a) está sujeita à incidência de imposto sobre operações financeiras (IOF).
b) é uma atividade essencialmente financeira.
c) é uma atividade de prestação de serviços associada à compra de direitos.
d) não tem natureza mercantil.
e) não está sujeita à incidência do imposto sobre serviços (ISS).

4. (Cespe-UnB/Banco do Brasil/2008) As sociedades de arrendamento mercantil são constituídas sob a forma de sociedade anônima, devendo constar obrigatoriamente na sua denominação social a expressão "arrendamento mercantil". Com relação às sociedades de arrendamento mercantil, julgue os próximos itens:

( ) As sociedades de arrendamento mercantil são supervisionadas pelo Bacen.
( ) As operações passivas das sociedades de arrendamento mercantil são emissão de debêntures, dívida externa, empréstimos e financiamentos de instituições financeiras.

Gabarito:

1. C
2. C, E, C, C, C
3. C
4. C, C

Capítulo 8

Leasing

Partindo da concepção de que os rendimentos se originam no uso e não na propriedade de um bem, entende-se como o *leasing* (ou arrendamento mercantil) funciona: uma operação de *leasing* será regida por um contrato entre um arrendador e um arrendatário. O arrendador retém a propriedade legal do bem, e o arrendatário detém o uso por meio do pagamento de contraprestações por um período de tempo predeterminado.

O arrendador providencia o equipamento ao arrendatário, que se compromete ao pagamento pelo usufruto e, no fim do contrato firmado entre ambos, poderá comprar o bem, devolvê-lo ao arrendador ou contratar um novo período de arrendamento.

As empresas vendedoras de bens costumam apresentar o *leasing* como mais uma forma de financiamento, mas o contrato deve ser lido com atenção, pois se trata de operação com características próprias.

Esta operação se assemelha, no sentido financeiro, a um financiamento que utilize o bem como garantia e que pode ser amortizado num determinado número de "aluguéis" (prestações) periódicos, acrescidos do valor residual garantido e do valor devido pela opção de compra.

8.1. INTERVENIENTES

- Arrendadora: aplica os recursos na aquisição de bens escolhidos pela arrendatária e estes serão objetos do contrato.
- Arrendatária: escolhe o bem junto ao fornecedor, ao pagamento de contraprestação pelo prazo acordado em contrato, passará a utilizá-lo.
- Fornecedor: entrega o bem à arrendatária e o fatura à arrendadora.

8.2. FASES DE UMA OPERAÇÃO DE ARRENDAMENTO MERCANTIL

A empresa arrendatária escolherá uma empresa de arrendamento mercantil para realizar a operação, sendo esta composta de várias fases, como, por exemplo:

- Elaboração do contrato de arrendamento mercantil e escolha do bem e do fornecedor.
- Assinatura do contrato (definidos o valor da operação, serviços, bens e fornecedores).

8.3. CARACTERÍSTICAS DO CONTRATO

- Descrição dos bens que constituem o objeto de contrato.
- Prazo do arrendamento.
- Critério de ajuste assim como valor das contraprestações.
- Forma de pagamento das contraprestações (determinar períodos).
- Condições para o exercício assim como a concessão à arrendatária.
- Despesas e encargos adicionais.

8.4. POSSIBILIDADES DO CONTRATO

Ao final do contrato de arrendamento, o arrendatário tem as seguintes opções:

- comprar o bem por valor previamente contratado;
- renovar o contrato por um novo prazo, tendo como principal o valor residual;
- devolver o bem ao arrendador.

8.5. LIMITAÇÃO DE PRAZO

O prazo mínimo de arrendamento é de dois anos para bens com vida útil de até cinco anos e de três anos para os demais.

No caso de veículos, o prazo mínimo é de 24 meses e para outros equipamentos e imóveis o prazo mínimo é de 36 meses (bens com vida útil superior a cinco anos). Existe, também, modalidade de operação, denominada *leasing* operacional, em que o prazo mínimo é de 90 dias.

8.6. TIPOS DE *LEASING*

Usualmente distinguem-se dois tipos de *leasing*: o financeiro e o operacional que, além da forma normal, apresentam-se como características especiais em operações, como *Leasing Back*, imobiliário, exportação, importação etc.

8.6.1. *Leasing* Operacional

É a operação que envolve a locação de objetos móveis, e muitas vezes de pequena duração. O fornecedor fica responsável pelos riscos decorrentes do direito de propriedade (obsolescência, tecnologia, mercado de venda etc.), além de prestar assistência técnica ao cliente, por meio de treinamento de pessoal, reparos no equipamento e revisões periódicas, entre outras formas. O locador pode ser tanto a empresa locadora como a especializada na sua locação a diversos clientes. Os aluguéis guardam certa relação com a capacidade produtiva deste ativo ou serviço, podendo ser rescindível a qualquer momento, às vezes, mediante um aviso-prévio. O locador do ativo, em geral, assume o compromisso de prestar assistência técnica para a manutenção do equipamento. As locadoras operacionais, devido à natureza de suas funções, não se enquadram como IFs.

Como exemplo de arrendamento operacionais, temos: aluguéis de máquinas de fotocópias, serviços telefônicos, automóveis, máquinas industriais etc.

8.6.2. *Leasing* Financeiro

É uma operação financeira em que uma empresa, chamada arrendante, adquire bens de capital segundo as especificações e para o uso de outra, chamada arrendatária. Esta, em contrapartida, se propõe a amortizar o preço do bem acrescido de juros, em contraprestações periódicas como se fossem aluguéis e, no final do prazo, saldar o residual da dívida com o seu pagamento ou devolução do bem.

Ao final do contrato, o cliente pode escolher entre três opções: Comprar o bem pelo valor combinado, renovar a operação em condições financeiras a serem pactuadas ou devolver o bem à empresa de *leasing*.

Durante o período de arrendamento, a propriedade do bem é da arrendante, enquanto a posse é da arrendatária.

8.6.3. *Sale* e *Lease-Back*

É uma operação na qual uma companhia vende um bem para uma empresa de *leasing*, que arrenda o bem para a ex-proprietária. Em outras palavras, o fornecedor é a própria arrendatária. Esta operação é feita para levantar dinheiro em pouco tempo e, geralmente, a ex-proprietária compra de volta o bem ao fim do contrato.

8.6.4. FMV *Leasing*

Trata-se de uma operação de arrendamento mercantil, na qual a opção de compra ao final do contrato é definida pelo Valor Futuro de Mercado das máquinas ("Fair Market Value").

8.7. PRINCIPAIS CARACTERÍSTICAS DE UMA OPERAÇÃO DE *LEASING*

8.7.1. Quanto aos Prazos

- Prazos mínimos: correspondem a 20% da vida útil do bem, variando de 2 a 3 anos.
- Prazo máximo: pode variar de contrato para contrato e depende do bem a ser arrendado, em geral, quanto mais longo o prazo maior o risco exigindo mais recursos das empresas de *leasing*.

8.7.2. Contraprestrações de *Leasing* (Periodicidade)

A arrendatária (cliente) paga à arrendadora (empresa de *leasing*) contraprestações periódicas durante o prazo de contrato.

Quanto à peridiocidade, pode ser qualquer uma, desde que não ultrapasse seis meses sem pagamentos.

8.7.3. Valor Residual Garantido (VRG)

O VRG é uma porcentagem do valor da operação definido no início do *leasing*, que servirá de valor-base para aquisição ou renovação do contrato ao final do *leasing*.

8.7.4. Termo de Recebimento e Aceitação (TRA)

O Termo de Recebimento e Aceitação (TRA) é um documento que o cliente assina após o bem ser entregue, instalado e estar em funcionamento. No recebimento do termo de recebimento e aceitação pela empresa de *leasing*, tem início o prazo do arrendamento mercantil. A arrendadora, um mês após o pagamento ao fornecedor, estará recebendo da arrendatária a primeira contraprestação do *leasing*.

8.8. FLUXOGRAMA GERAL DA OPERAÇÃO DE *LEASING*

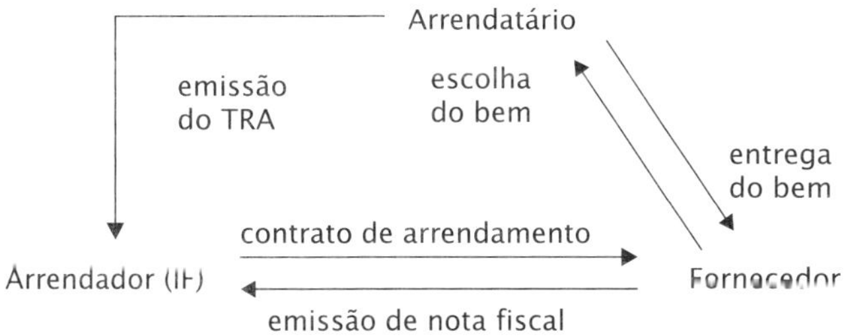

8.9. QUESTÃO COMENTADA

1. (FCC/Banco do Brasil/2006) Analise:
O princípio básico do __I__ é o de que o lucro vem da __II__ de um bem e não da sua __III__.
Preenchem correta e respectivamente as lacunas I, II e III acima:

	I	II	III
a)	*leasing*	utilização	propriedade
b)	vendor	fabricação	venda
c)	crédito direto ao consumidor	utilização	compra
d)	cheque especial	aquisição	fabricação
e)	compror	utilização	compra

Comentário:

A ideia de *leasing* é baseada na concepção econômica de que o fato gerador de rendimentos para uma firma é o uso e não a propriedade de um bem. Assim, esta prática é também chamada de arrendamento mercantil.

Gabarito: A.

8.10. QUESTÕES PROPOSTAS

1. O que é uma operação de *leasing*?

a) Financiamento.
b) Arrendamento mercantil.
c) Empréstimo.
d) Securitização.

2. Quais os bens passíveis de arrendamento por uma operação de *leasing*?

a) Veículos.
b) Casas pré-fabricadas.
c) Sítios.
d) Animais.
e) Fazendas.

3. Qual a principal vantagem em uma opção de *leasing*?

a) Financiamento de longo prazo.
b) O bom financiamento não precisa de garantia.
c) Dedução de aluguéis no IR.
d) Pode ser contratado por qualquer prazo.

4. Faça associação entre tipos de *leasing*.
1 - *Leasing* Imobiliário.
2 - *Leasing* Financeiro.
3 - *Leasing* Operacional.
4 - *Leasing black*.

a) ( ) Operação entre arrendador e arrendatário, sendo o arrendador responsável pela manutenção e perfeito funcionamento do bem.
b) ( ) Uma operação de *leasing* financeiro na qual uma empresa vende seu bem imobilizado a uma empresa de *leasing*.
c) ( ) É operação de arrendamento destinado à construção de edifícios.
d) ( ) É operação onde o bem fica como garantia e a arrendatária pode comprar o bem, devolver o bem ou renovar.

5. (Cespe-UnB/Banco do Brasil/2008) Arrendamento mercantil (*leasing*) é uma operação em que o proprietário de um bem cede a terceiro o uso desse bem por prazo determinado, recebendo em troca uma contraprestação. Com relação ao *leasing*, julgue os itens subsequentes.

( ) Os impostos a serem pagos nessas operações são: imposto sobre operações financeiras (IOF) e imposto sobre serviços (ISS).
( ) O contrato de *leasing* pode ser quitado antes do encerramento do prazo.
( ) Ao final do contrato de *leasing*, o arrendatário tem as seguintes opções: comprar o bem por valor previamente contratado; renovar o contrato por um novo prazo, tendo como principal o valor residual; devolver o bem ao arrendador.

6. (Banco do Brasil - Cespe - 2008) Entre atividade econômica do sistema financeiro, a operação de *factoring* é uma atividade comercial mista atípica, que engloba serviços e compra de créditos (direitos creditórios) resultantes de vendas mercantis. O *factoring*, como fomento mercantil, expande os ativos de seus clientes, aumentando-lhes as vendas e eliminando endividamento, transformando vendas a prazo em vendas à vista. Outra operação de grande importância que tem crescido muito no Brasil é o *leasing*, ou seja, o arrendamento mercantil, que é uma forma de a pessoa possuir um bem (móvel ou imóvel) sem ter de comprá-lo. É um contrato pela qual uma pessoa, pretendendo utilizar determinado equipamento ou imóvel, consegue que uma instituição financeira o adquira, arrendando-o ao interessado, por tempo determinado, possibilitando ao arrendatário, findo o prazo, optar entre a devolução do bem, a renovação do arrendamento ou a aquisição do bem arrendado, mediante um preço residual fixado no contrato. Acerca do *factoring* e do *leasing*, julgue os itens subsequentes.

( ) As operações de *factoring* e de *leasing*, no Brasil, têm como diferença marcante o fato de que no *factoring* não há pagamento de impostos sobre operações financeiras (IOF) e, no *leasing*, esse pagamento é necessário.

( ) bens de produção estrangeira não podem ser objeto de arrendamento mercantil (*leasing*).

( ) *Factoring* pode ser conceituado como uma atividade de negociação com recebíveis ou efeitos comerciais.

( ) O *lease-back*, ou *leasing* de retorno, é a modalidade de arrendamento mercantil em que o bem é inicialmente do próprio arrendatário.

( ) A modalidade de *factoring*, cuja operação se constitui de prestação de serviços de tesouraria, acompanhamento de contas a receber e a pagar, na qual a sociedade de fomento mercantil é mandatária da sua empresa-cliente contratante, é conhecida como *trustee*.

Gabarito:

1. B
2. A
3. A
4. A-III B-IV C-I D-II
5. ECC
6. EECCC

Capítulo 9

Seguros Privados e Capitalização

9.1. SISTEMA NACIONAL DE SEGUROS PRIVADOS (SNSP)

O Decreto-lei nº 73 de 21/11/1966 instituiu o Sistema Nacional de Seguros Privados ainda vigente. Dele fazem parte o Conselho Nacional de Seguros Privados, a Susep, o Instituto de Resseguros do Brasil, as entidades de previdência privada aberta e os corretores habilitados.

O diagrama a seguir representa o SNSP.

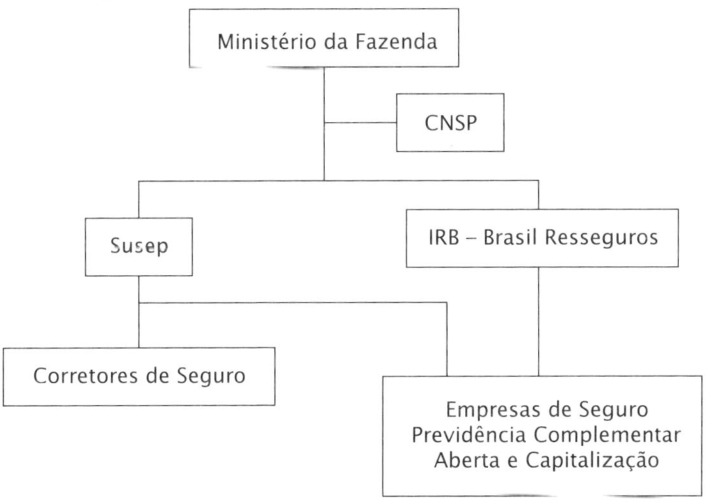

9.2. CONSELHO NACIONAL DE SEGUROS PRIVADOS (CNSP)

O CNSP é o órgão principal na estrutura do SNSP e tem como atribuição, entre outras, fixar as diretrizes e normas da política de seguros privados, objetivando promover a expansão do mercado segurador de acordo com o crescimento do país. É o órgão normativo das atividades securitícias do país. Foi criado pelo Decreto-lei nº 73, de 21/11/1966.

Estrutura do CNSP *(Lei nº 10.190, de 14/2/2001)*

- Ministro de Estado da Fazenda ou seu representante, na qualidade de presidente.
- Superintendente da Susep, na qualidade de vice-presidente.
- Representante do Ministério da Justiça.
- Representante do Banco Central do Brasil.
- Representante do Ministério da Previdência e Assistência Social.
- Representante da Comissão de Valores Mobiliários.

9.3. SUPERINTENDÊNCIA DE SEGUROS PRIVADOS (SUSEP)

Histórico

A Susep é o órgão responsável pelo controle e fiscalização do mercado de seguros, de previdência privada aberta e capitalização. Vinculada ao Ministério da Fazenda, é caracterizada como uma autarquia e foi criada pelo Decreto-lei nº 73, de 21/11/1966, que também instituiu o SNSP.

Missão da Susep

Como missão regular, está supervisionar, fiscalizar e incentivar as atividades de seguros, previdência complementar aberta e capitalização.

9.4. SEGURO

É uma obrigação assumida pela seguradora mediante pagamento de um prêmio em reparar danos causados ao segurado ou terceiros pela ocorrência do sinistro de acordo com leis estatísticas e com o princípio do mutualismo. Podemos dizer que seguro é uma operação coletiva, pela qual é mais fácil suportar coletivamente as consequências danosas de acontecimentos individuais do que deixar o indivíduo, só e isolado, às voltas com as consequências.

O seguro tem como finalidade específica restabelecer o equilíbrio perturbado pela ocorrência de sinistro coberto, e possui também a função econômica social de repartir os riscos entre os segurados de acordo com o princípio do mutualismo.

Características do Seguro

O seguro tem como características a *previdência*, a *incerteza* e o *mutualismo*.

A *previdência* é a defesa pelo qual a pessoa resguarda-se contra danos e perdas (a si própria, propriedades e bens). Já a *incerteza* leva em conta dois aspectos: a ocorrência (se vai acontecer) e época (quando vai acontecer). O *mutualismo* é a formação de grupos com interesses seguráveis.

Aspectos Gerais

No seguro estão envolvidos aspectos como o risco, a probabilidade de perda e a incerteza. O risco envolve uma variável aleatória conhecida, a incerteza uma variável aleatória desconhecida mas se espera estimar tal incerteza. Devemos também considerar a sinistralidade que envolve o prêmio, o sinistro e a importância segurada.

9.4.1. Princípio do Mutualismo

O mutualismo pode ser representado por um grupo de pessoas com interesse seguráveis comuns que concorrem para a formação de uma massa econômica com a finalidade de suprir em determinado momento as necessidades eventuais de alguma daquelas pessoas. O mutualismo é o compartilhamento do risco com interesse comum.

9.4.2. Sinistro

O sinistro é o risco previsto no contrato de seguro.

9.4.3. Formação do Contrato de Seguro

O contrato de seguro é formado pela proposta, apólice e documento de pagamento do prêmio. O contrato tem como elementos essenciais a seguradora, o segurado, o risco, o prêmio e a indenização.

9.4.4. Risco

O risco é o evento coberto, cuja ocorrência causa prejuízo econômico.

9.4.5. Resseguro

O resseguro é definido como o seguro da seguradora, é formado por um grupo (princípio do mutualismo) que compartilha riscos.

9.4.6. Cosseguro

É uma pulverização de riscos em que duas ou mais seguradoras distribuem porcentagem de riscos de determinada apólice. O cosseguro é uma partilha de perdas, caso esta venha a ocorrer, ou seja é uma diversificação de ativos.

9.4.7. Importância Segurada

É responsabilidade do segurado, mas deve guardar relação direta com o valor do bem segurado, sendo o *rateio* a participação do segurado, quando a importância segurada for inferior ao valor de bens expostos ao risco, avaliada na data do sinistro. Cabe à seguradora indenizar os prejuízos até o limite da importância segurada, participando o segurado dos prejuízos que excederem este valor.

Entidades Fechadas de Previdência Privada

São entidades restritas a grupos de trabalhadores que contribuem periodicamente e que têm como objetivo a valorização do seu patrimônio. A Lei nº 6.435/1977 orienta a aplicação de parte das reservas técnicas no mercado acionário.

Superintendência Nacional de Previdência Complementar

A Previc, criada em 30/12/2004, substitui a Secretaria de Previdência Complementar (SPC), sendo caracterizada por uma autarquia especial do Ministério da Previdência Social responsável pela supervisão e fiscalização das atividades das entidades de previdência fechada. Entre suas atribuições, temos: decretar a liquidação e intervenção extrajudicial das entidades fechadas; proceder à fiscalização das atividades das entidades fechadas de previdência complementar e suas operações e aplicar penalidades cabíveis nos termos da legislação; autorizar as operações de fusão, cisão e incorporação ou qualquer outra forma de reorganização societária relativas às entidades fechadas, autorizar a celebração de convênios e termos de adesão por patrocinadores e instituidores, entre outros.

9.5. TÍTULOS DE CAPITALIZAÇÃO

Um título de capitalização tem por objetivo a formação de poupança sendo este título de crédito comercializado por empresas de capitalização. Os títulos de capitalização têm caráter lotérico, de sorteio de prêmios de capitalização.

9.5.1. Características Básicas

O Título de Capitalização é um tipo de poupança a longo prazo, em que o sorteio funciona como estímulo. É um produto típico de uma economia estabilizada. Sua regulamentação cabe à Susep.

Do investimento total, a instituição financeira separa um percentual para poupança, outro para o sorteio e um terceiro para cumprir suas despesas.

9.5.2. Comercialização

A empresa, para estar apta a trabalhar neste setor, tem que ter registro na Susep — orgão que normatiza e fiscaliza o setor.

Quanto à forma de pagamento, temos a modalidade de pagamento mensal e pagamento único. No pagamento mensal, os dos prêmios são periódicos, geralmente mensais. É possível que, após o último pagamento, o plano ainda se mantenha em vigor; seu prazo de vigência pode ser diferente do de seu pagamento. No pagamento único, sua vigência fica estipulada no contrato.

9.5.3. Condições Gerais para o Plano de Capitalização

Subscritor: É a pessoa que subscreve a proposta de aquisição do título assumindo o compromisso de efetuar pagamento na forma convencional nas condições gerais.

Titular: É o próprio subscritor ou outra pessoa expressamente indicada pelo mesmo. É o proprietário do título, a quem devem ser pagos todos os valores originados pelo mesmo.

Capital: É o montante constituído pelos percentuais aplicáveis sobre os pagamentos efetuados, e que será mensalmente capitalizado e atualizado pela taxa de remuneração básica aplicada à caderneta de poupança, atualmente a TR, gerando o valor de resgate do título.

9.5.4 Objetivos e Artigos de um Plano de Capitalização

- O título é indivisível em relaçao à sociedade, sendo facultada a sua transferência a qualquer momento, mediante comunicação por escrito à sociedade. Cumpre ao subscritor e/ou titular comunicar à sociedade a realização da transferência, informando os dados cadastrais do novo subscritor e/ou titular.
- O título entra em vigor na data do primeiro pagamento.
- Os pagamentos efetuados após a data de vencimento serão acrescidos da atualização monetária + *pro rata* dia, desde a data de vencimento até o efetivo pagamento.
- A não realização do pagamento na respectiva data de vencimento determinará a suspensão do título. Os que tenham título com até três pagamentos em atraso poderão ser reabilitados, mediante a quitação dos pagamentos devidos, na forma citada no item anterior, não sendo devida qualquer importância decorrente dos sorteios realizados durante o período de suspensão.

9.5.5. Sorteios

Quanto ao sorteio, é facultada à Sociedade de Capitalização a utilização dos resultados de loterias oficiais para a geração de seus números sorteados.

9.5.6. Participação

Um banco pode ser o titular dos títulos de capitalização; sendo aprovado pela Susep, e caberá unicamente ao barcar com o pagamento das parcelas do título, bem como proceder seu resgate, sendo este também o titular de demais direitos e obrigações.

9.6. QUESTÕES COMENTADAS

1. **(FCC/Banco do Brasil/2006) Compete, privativamente, ao Conselho Nacional de Seguros Privados, em relação às entidades de previdência privada:**
   a) processar os pedidos de autorização para fins de constituição, funcionamento, fusão, incorporação, grupamento, transferência de controle e reforma dos estatutos das entidades abertas;
   b) estabelecer as normas gerais de contabilidade, atuária e estatística a serem observadas por essas entidades;
   c) proceder à liquidação das entidades abertas que tiverem cassada a autorização para funcionar no país;
   d) autorizar a movimentação e a liberação de bens e valores obrigatoriamente inscritos em garantia do capital, das reservas técnicas e dos fundos especiais das entidades abertas de previdência privada;
   e) proceder à inscrição dos corretores de planos previdenciários, de entidades abertas de previdência privada; fiscalizar suas atividades e aplicar as penas cabíveis.

Comentário:

São algumas atribuições do CNSP (Decreto-lei nº 73/1966):

- Fixar as diretrizes e normas da política de seguros privados;
- Regular a constituição, organização, funcionamento e fiscalização dos que exercem atividades subordinadas ao Sistema Nacional de Seguros Privados, bem como a aplicação das penalidades previstas;
- Fixar as características gerais dos contratos de seguros, previdência privada aberta e capitalização;
- Fixar normas gerais de contabilidade e estatística a serem observadas pelas Sociedades Seguradoras;
- Estabelecer as diretrizes gerais das operações de resseguro;

- Prescrever os critérios de constituição das Sociedades Seguradoras, de Previdência Privada Aberta e de Capitalização, com fixação dos limites legais e técnicos das respectivas operações;
- Disciplinar a corretagem do mercado e a profissão de corretor.

Não se devem confundir as atribuições acima com as da Susep, algumas das quais descritas nas alternativas A, C, D e E (Decreto-lei nº 73/1966 e Decreto nº 81.402/1978).

Gabarito: B.

2. (FCC/Banco do Brasil/2006) As sociedades seguradoras:

a) devem ter patrimônio líquido inferior ao valor do seu passivo não operacional;
b) são autorizadas a funcionar através de Portaria do Ministro da Fazenda;
c) têm autonomia completa para decidir ou não aceitar resseguros;
d) estão impedidas de explorar qualquer outro ramo de comércio ou indústria;
e) têm autonomia para distribuir lucros ou quaisquer fundos correspondentes às suas reservas patrimoniais.

Comentário:

Observando o disposto no Decreto-lei nº 73/1966 em seu art. 73, "As Sociedades Seguradoras não poderão explorar qualquer outro ramo de comércio ou indústria."

Gabarito: D.

3. (FCC/Banco do Brasil/2006) As sociedades de capitalização:

a) não podem prever, nas condições gerais dos títulos, participação dos titulares nos lucros da empresa;
b) estão impedidas de utilizar os resultados de loterias oficiais para a geração dos seus números sorteados, sendo obrigadas a realizar sorteios próprios com ampla e prévia divulgação aos titulares;
c) poderão apropriar-se da provisão matemática dos títulos suspensos ou caducos por inadimplência dos pagamentos;
d) somente podem colocar títulos com uma única taxa de juros ao longo de sua vigência;
e) podem estabelecer um percentual de desconto (penalidade), não superior a 10%, nos casos em que o resgate for solicitado pelo titular antes de concluído o período de vigência.

Comentário:

A circular Susep nº 130/2000 trata das normas para contratação de títulos de capitalização. A seguir, seguem alguns parágrafos transcritos.

Art. 6º, § 2º As Sociedades de Capitalização poderão estruturar títulos com taxas diferenciadas de juros ao longo de sua vigência, podendo ser pré-fixadas ou estabelecidas em função de percentuais variáveis dos juros aplicados às Cadernetas de Poupança, observado o limite mínimo estabelecido no parágrafo anterior.

Art. 7º A Sociedade de Capitalização não poderá se apropriar da provisão matemática dos títulos suspensos ou caducos por inadimplência dos pagamentos, devendo colocar à disposição do titular, independentemente do número de pagamentos efetuados, o valor de resgate após o período de carência, ainda que a inadimplência ocorra em data anterior ao prazo de carência fixado.

Art. 9º As Sociedades de Capitalização poderão prever, nas Condições Gerais dos títulos, participação dos titulares nos lucros da Empresa.

Art. 12 Nos sorteios, poderão ser utilizados os resultados de sistemas oficiais de premiação, bem como os obtidos através de processos próprios, sendo condição mínima de direito do titular a possibilidade de presenciar sua apuração.

Art. 16 O resgate antecipado por sorteio ou resgate total, ao final do prazo de capitalização, deverá corresponder a 100% (cem por cento) da provisão matemática.

§ 1º O valor do resgate total antecipado deverá corresponder, no mínimo, a 90% (noventa por cento) da provisão matemática apurada na ocasião em que vier a ser solicitado.

Gabarito: E.

4. (FCC/Banco do Brasil/2006) Em relação às entidades de previdência privada abertas, é correto afirmar:

a) O balanço e os balancetes deverão ser enviados ao Banco Central para exame técnico das reservas e provisões constituídas;

b) É permitida a realização de operações comerciais e financeiras com seus diretores e membros dos conselhos consultivos, administrativos, fiscais ou assemelhados, desde que as operações sejam aprovadas pela assembleia geral;

c) Os bens garantidores das reservas técnicas, fundos e provisões serão registrados na Susep e não poderão ser alienados, prometidos alienar ou de qualquer forma gravados sem sua prévia e expressa autorização;

d) Os estatutos das entidades sem fins lucrativos não poderão estabelecer distinção entre associados controladores e simples participantes dos planos de benefícios;

e) Nas entidades sem fins lucrativos, as despesas administrativas não poderão exceder os limites fixados anualmente pela Comissão de Valores Mobiliários.

Comentário:

A Susep é órgão executivo e fiscalizador da política de previdência das entidades abertas. Segundo o Decreto nº 81.402/1978 em seu art. 8º, compete à Susep:

promover junto aos Órgãos do poder público, instituições financeiras em geral e sociedades mercantis, as providências necessárias à salvaguarda da inalienabilidade dos bens garantidores do capital, reservas técnicas e fundos especiais das entidades abertas de previdência privada.

Gabarito: C.

9.7. QUESTÕES PROPOSTAS

1. **(IRB/2004) O contrato de seguro é formado por:**
   a) apólice de seguro;
   b) apólice de seguro e contrato de resseguro, quando houver;
   c) proposta, apólice e documento de pagamento do prêmio;
   d) cartão proposta e certificado;
   e) proposta e bilhete de seguro.

2. **(IRB/2004) O risco é definido como:**
   a) evento coberto, cuja ocorrência causa prejuízo econômico;
   b) o valor do bem segurado , representado pela IS;
   c) o valor do comprometimento pago pela seguradora denominado indenização;
   d) o valor do prêmio puro acrescido dos carregamentos;
   e) o bem segurado, representado pela sua identificação.

3. **(Susep/1994) A proposta de seguro representa, como um todo:**
   a) uma classificação dos ramos do seguro;
   b) a concretização de contrato de seguro;
   c) a manifestação de vontade do futuro segurado;
   d) as condições gerais da apólice de seguro;
   e) as cláusulas contratuais do seguro.

4. **A finalidade específica do seguro é:**
   a) garantir ao segurado a substituição do bem sinistrado sempre que houver sua perda;
   b) permitir ao segurado comprar um veículo novo quando houver sinistro;
   c) restabelecer o equilíbrio econômico perturbado pela ocorrência de sinistro coberto;
   d) a troca de uma despesa incerta futura e de valor elevado por outra certa antecipada e de valor comparativamente menor;
   e) dar lucro ao segurado, quando o seguro for contratado com importância segurada superior ao valor real do bem.

5. **(Cespe-UnB/Banco do Brasil/2008) O Sistema de seguros privados e previdência complementar é constituído pelo Conselho Nacional de Seguros Privados (CNSP), pela superintendência de seguros privados (Susep), e pelo Instituto de Resseguros do Brasil (IRB), pelas sociedades seguradoras**

autorizadas a operar em seguros privados, e pelas corretoras de seguros e corretores de seguros habilitados. Com relação ao sistema de seguros privados e previdência complementar, julgue os itens que se seguem:

( ) O sistema de previdência social brasileiro está fundamentado sobre a previdência social básica, oferecida pelo poder público, e sobre a previdência privada, de caráter complementar á previdência social .

( ) O CNSP inclui representante do ministério do planejamento, orçamento e gestão.

( ) As entidades abertas de previdência privada são constituídas unicamente sob a forma de sociedades anônimas e têm por objetivo instituir e operar planos de benefícios de caráter previdenciário concedidos em forma de renda continuada ou pagamento único, sendo acessíveis a qualquer pessoa física.

6. **(Cesgranrio/Banco do Brasil/2010) A Superintendência de Seguros Privados (Susep) é o órgão responsável pelo controle e fiscalização do mercado de seguros, previdência privada aberta e capitalização. Em relação a esse órgão, considere as atribuições abaixo:**

I. Cumprir e fazer cumprir as deliberações do Conselho Nacional de Seguros Privados.

II. Zelar pela defesa dos interesses dos consumidores do mercado de seguros, previdência privada aberta e capitalização.

III. Regular e fiscalizar as operações de compra e venda de ações e títulos públicos realizadas no mercado balcão.

IV. Prover recursos financeiros para as sociedades do mercado de seguros, previdência privada aberta e capitalização por meio de aporte de capital, quando necessário.

V. Disciplinar e acompanhar os investimentos das entidades do mercado de seguros, previdência privada aberta e capitalização, em especial os efetuados em bens garantidores de provisões técnicas.

São atribuições da Susep apenas:

a) I, II e IV;
b) I, II e V;
c) III, IV e V;
d) I, II, III e IV;
e) II, III, IV e V.

7. **No que diz respeito a Títulos de Capitalização, julgue os itens a seguir:**

( ) são investimentos com características de um jogo onde se pode recuperar parte do valor pago na aposta. Sem a ajuda da sorte, o rendimento será inferior ao de um fundo ou uma caderneta de poupança;

( ) são regulamentados pela circular nº 23/1991 da Susep (Superintendência de Seguros Privados);

( ) são títulos cujas adesões somente podem ser efetuadas pelos empregados de uma empresa ou de um grupo de empresas, denominada(s) Patrocinadora(s);

( ) são contratos, bilaterais, que gera direitos e obrigações de ambas as partes;

( ) é a aplicação mais simples e tradicional, sendo uma das poucas, senão a única em que se pode aplicar pequenas somas e ter liquidez, apesar da perda da rentabilidade para saques fora da data de aniversário da aplicação.

Gabarito:

1. C
2. A
3. C
4. C
5. C, E, C
6. B
7. C, C, E, E, E

Capítulo 10
Títulos Públicos

Os governos federal, estadual e municipal costumam captar recursos no mercado por intermédio da emissão de títulos representativos da dívida pública. Os títulos estaduais e municipais apresentam baixa liquidez no mercado, tendo uma circulação mais restrita. Os títulos públicos federais, ao contrário, têm maior aceitação e liquidez.

Essencialmente, os títulos públicos emitidos pelo Tesouro Nacional estão voltados para a execução da política fiscal do governo, antecipando receitas orçamentárias ou financiando déficits fiscais. Os títulos públicos de emissão do Bacen, de menor duração, têm por objetivo principal a implementação e execução da política monetária.

O interesse à compra desses títulos está ligado a sua rentabilidade e ao baixo custo de negociação. No caso do Tesouro Direto, o custo máximo é de 1%, enquanto e a taxa de administração de um fundo de renda fixa geralmente oscila entre 3% e 4% para os pequenos aplicadores.

10.1. NOMENCLATURA DOS TÍTULOS

Os títulos possuem as seguintes denominações: LTN, NTN-F, NTN-C, NTN-B e LFT (1ª letra – "L" ou "N" de Letras ou Notas; 2ª letra – "T" representa "Tesouro" e "F", Financeiras; 3ª letra – "N" sempre Nacional). A seguir são apresentados alguns títulos com suas respectivas características:

- As LFTs seguem a taxa Selic;
- As LTNs são um papel prefixado, isto é, você acerta na compra exatamente o que vai receber;
- As NTNs-C acompanha a variação do índice de inflação IGP-M;
- As NTNs-B segue o IPCA, o índice oficial de preços;
- As NTNs-F têm rentabilidade definida no momento da compra.

Em geral, os investidores têm como preferências as LFTs e a LTNs, por encontrar taxas mais atrativas.

10.2. CARACTERÍSTICAS

LTN – Letras do Tesouro Nacional: são negociadas com deságio (desconto), pagando ao investidor uma quantia inferior ao valor de face.

LFT – Letras Financeiras do Tesouro: têm seus rendimentos definidos pela média da taxa Selic, garantindo uma rentabilidade de mercado ao investidor. São papéis atraentes, e seus prazos de emissão são definidos pelo Tesouro Nacional.

NTN – Notas do Tesouro Nacional: oferecem rendimentos pós-fixados e atrelados a um indexador da economia. Os juros são pagos periodicamente e o prazo mínimo de emissão é de três meses. São lançadas também séries especiais de NTN, pagando rendimentos diferenciados, opções de rendimentos e prazos diferentes de acordo com seu tipo de emissão.

NTN-D – Notas do Tesouro Nacional pertencentes à série D: são títulos pós-fixados emitidos pelo Tesouro Nacional com vistas ao alongamento do prazo médio da dívida pública federal.

10.3. TÍTULOS DO BACEN

BBC – Bônus do Banco Central: caracteristicamente de curto prazo e utilizados nos leilões de títulos públicos do Bacen.

NBC-E – Notas do Banco Central pertencentes à série E: são títulos pós-fixados que possuem valor nominal atualizado pela variação do dólar comercial aliada a uma taxa prefixada a ser negociada.

10.4. TÍTULOS REGISTRADOS NA SELIC E CETIP

10.4.1. Sistema Especial de Liquidação e Custódia (Selic)

O Selic executa o papel de depositário central dos títulos emitidos pelo Banco Central do Brasil e pelo Tesouro Nacional.

Participantes do Sistema Selic

Na qualidade de titular de conta de custódia participam: Tesouro Nacional, Banco Central do Brasil, bancos comerciais, bancos múltiplos, bancos de investimento, caixas econômicas, distribuidoras e corretoras de títulos e valores mobiliários, entidades operadoras de serviços de compensação e de liquidação, fundos de investimento e diversas outras instituições integrantes do Sistema Financeiro Nacional.

Liquidantes

Os liquidantes respondem diretamente pela liquidação financeira das operações. São eles:

- o Banco Central do Brasil;
- os participantes titulares de conta de reservas bancárias, em que são incluídos nessa situação, obrigatoriamente, os bancos comerciais, os bancos múltiplos com carteira comercial e as caixas econômicas, e, opcionalmente, os bancos de investimento.

10.4.2. Central de Liquidação Financeira e Custódia de Títulos (Cetip)

A Cetip é a depositária de títulos de renda fixa privados (inclusive Certificados de Depósito Interfinanceiro — CDIs), títulos públicos estaduais e municipais e títulos representativos de dívidas de responsabilidade do Tesouro Nacional, de que são exemplos os relacionados com empresas estatais extintas, com o Fundo de Compensação de Variação Salarial — FCVS —, com o Programa de Garantia da Atividade Agropecuária — Proagro — e com a dívida agrária (TDA).

Os títulos são emitidos escrituralmente (pode haver exceção), isto é, existem apenas sob a forma de registros eletrônicos (os títulos emitidos em papel são fisicamente custodiados por bancos autorizados). As operações de compra e venda são realizadas no mercado de balcão, incluindo aquelas processadas por intermédio do CetipNet (sistema eletrônico de negociação).

Liquidação via Cetip

Quanto ao prazo, a liquidação é em D ou D+1. As operações no mercado primário, envolvendo títulos registrados na Cetip, são geralmente liquidadas com compensação multilateral de obrigações (a Cetip não atua como contraparte central). A compensação bilateral é utilizada na liquidação das operações com derivativos e liquidação bruta em tempo real, nas operações com títulos negociados no mercado secundário.

10.5. QUESTÕES COMENTADAS

1. **(Cesgranrio/Banco do Brasil/2010) O Selic - Sistema Especial de Liquidação e Custódia - foi desenvolvido em 1979 pelo Banco Central do Brasil e pela Andima (Associação Nacional das Instituições do Mercado Aberto) com a finalidade de:**

a) custodiar os títulos públicos e privados negociados no mercado aberto antes de sua liquidação financeira;
b) liquidar financeiramente as ações negociadas no mercado de Bolsa de Valores e custodiar os títulos públicos;
c) regular e fiscalizar a atividade de liquidação e custódia dos títulos públicos federais, exercida pelas instituições financeiras;
d) verificar e controlar o índice de liquidez dos títulos públicos e privados antes da sua custódia;
e) controlar e liquidar financeiramente as operações de compra e venda de títulos públicos e manter sua custódia física e escritural.

Comentário:

Cabem ao Selic a custódia (física e escritural), o controle e a liquidação financeira das operações envolvendo títulos públicos.

Gabarito: E.

2. (FCC/Banco do Brasil/2006) Em sua existência, o Sistema Especial de Liquidação e de Custódia - Selic — consolidou sua função de registro, custódia e liquidação de títulos. Como uma de suas principais características, é correto afirmar que:

a) as operações nele registradas são liquidadas em bloco, ao final de cada dia;
b) é o depositário central dos títulos da dívida pública federal interna emitidos pelo Tesouro Nacional e Banco Central;
c) os títulos depositados no Sistema não podem ser escriturais, ou seja, emitidos sob a forma eletrônica;
d) é gerido pela Associação Nacional das Instituições do Mercado Financeiro – Andima e é operado exclusivamente pelo Banco Central;
e) é um sistema informatizado que se destina apenas ao registro e à custódia de títulos escriturais de emissão do Banco Central do Brasil, bem como à liquidação de operações com os referidos títulos.

Comentário:

O Selic processa a emissão, o resgate, o pagamento dos juros e a custódia. Todos os títulos são escriturais; isto é, emitidos exclusivamente na forma eletrônica. O sistema, administrado pelo Bacen, é por ele operado em parceria com a Andima e possui centros operacionais localizados na cidade do Rio de Janeiro. O Selic é o depositário central dos títulos de dívida pública federal interna emitidos pelo Tesouro Nacional e pelo Bacen.

Gabarito: B.

3. **(FCC/Banco do Brasil/2006) Os depósitos interfinanceiros (DI) constituem um mecanismo ágil de transferência de recursos entre instituições financeiras. As operações para liquidação no dia seguinte ao da negociação são registradas:**
   a) na Bolsa de Mercadorias & Futuros;
   b) no Sistema Especial de Liquidação e de Custódia – Selic;
   c) na Companhia Brasileira de Liquidação e Custódia – CBLC;
   d) na Câmara de Custódia e Liquidação – Cetip;
   e) na Câmara Interbancária de Pagamentos – CIP.

Comentário:

A Cetip, qualificada como depositária de títulos de renda fixa privados, inclusive os CDIs, processa a emissão, o resgate e a custódia dos títulos, assim como o pagamento dos juros e demais eventos a eles relacionados. As transações são fechadas por meio eletrônico e registradas nos computadores das instituições envolvidas e nos terminais da Cetip.

Gabarito: D.

10.6. QUESTÕES PROPOSTAS

1. **(Banco Central/2002) Com relação à estrutura do mercado de capitais, é correto afirmar que:**
   a) as bolsas de valores são instituições do governo que mantém local ou sistema adequado à negociação de títulos e valores mobiliários;
   b) são considerados valores mobiliários e, portanto, estão sujeitos à normatização pela CVM os seguintes títulos, quando ofertados publicamente: ações, debêntures e titulos da dívida pública;
   c) A CVM é o órgão regulamentador e fiscalizador do mercado de capitais;
   d) as negociações de títulos e valores mobiliários em bolsas de valores denominam-se usualmente de operações no mercado primário;
   e) cabem às sociedades corretoras e distribuidoras de valores mobiliários as operações no recinto das bolsas de valores.

2. **(Banco de Brasília/2001) Existem no Sistema Financeiro Nacional dois sistemas que geram taxas de juros amplamente aplicadas pelos agentes do mercado: o Sistema Especial de Liquidação e Custódia (Selic) e a Central de Liquidação Financeira e de Custódia de Títulos (Cetip).**
   Acerca dessas taxas, denominadas taxas Selic e taxas Cetip, assinale a opção correta.
   a) Os títulos negociados na Cetip são de grande liquidez e teoricamente de riscos mínimos (títulos públicos); por isso, a taxa definida no âmbito desse sistema é aceita como uma taxa livre de riscos da economia.
   b) Na Cetip, os negócios não são liquidados imediatamente como no Selic; por isso, a taxa Selic é denominada D0 e a Cetip D1.
   c) A taxa Selic costuma apresentar-se ligeiramente mais elevada que a Cetip.

d) Como balizamento do mercado, a taxa Cetip é mais importante referenciando o custo do dinheiro no mercado financeiro.
e) Por ser liquidada mediante cheques administrativos dos bancos a taxa Selic é também denominada taxa administrativa.

3. (Senado Federal/2002) Na década de 1970, a custódia de títulos públicos no Brasil ainda era feita por processo manual, o que incluía desde o arquivamento por instituição até a movimentação física nos cofres dos bancos, com grande risco de fraude e de extravio de papéis. Com o objetivo de propiciar mais segurança e transparência às operações, a Andima e o Bacen firmaram convênio para criar o Selic, um sistema eletrônico de teleprocessamento que permitiu a atualização diária das posições das instituições financeiras, assegurando maior controle das reservas bancárias. Títulos e cheques foram substituídos por simples registro eletrônicos, gerando enorme ganho em eficiência e agilidade, já que as operações são fechadas no mesmo dia em que se realizam. Além disso, o sistema passou a garantir que, em caso de inadimplência de qualquer das partes, a operação não se concretiza. Atualmente, o Selic movimenta mais de R$100 bilhões.
No sistema financeiro nacional, existem taxa de juros amplamente aplicadas pelos agentes do mercado, entre elas a do Selic, mencionado no texto acima. Acerca dessa taxa, denominada taxa Selic, julgue os itens seguintes.

( ) Como os títulos negociados no Selic são de grande liquidez, e teoricamente de risco mínimo, a taxa definida no âmbito desse sistema é aceita como uma taxa livre de risco da economia.
( ) Essa taxa também é denominada de D0, pois os negócios são liquidados imediatamente.
( ) essa taxa costuma apresentar-se ligeiramente mais elevada que a taxa Cetip.
( ) Como balizamento do mercado, a taxa Selic é mais importante, referenciando o custo do dinheiro no mercado financeiro.
( ) Por ser liquidada mediante cheques administrativos dos bancos, a taxa Selic é também denominada de taxa administrativa.

4. (Cespe-UnB/Banco do Brasil/2008) O Sistema Especial de Liquidação e Custódia (Selic) é o depositário central dos títulos emitidos pelo Tesouro Nacional e pelo Bacen e, nessa condição, processa, relativamente a esses títulos, a emissão, o resgate, o pagamento dos juros e a custódia. O sistema processa também a liquidação das operações definitivas e compromissadas registradas em seu ambiente, observando o modelo de entrega contra o pagamento. Quanto ao Selic, julgue os seguintes itens:

( ) O horário normal de funcionamento do Selic é das 12h30 às 18h30, em todos os dias considerados úteis.
( ) Participam do Selic, na qualidade de titular de conta de custódia, além do Tesouro Nacional e do Bacen, bancos comerciais, bancos múltiplos, bancos de investimento, caixas econômicas, distribuidoras e corretoras de títulos e valores mobiliários, entidades operadoras de serviço de compensação e liquidação, fundos de investimento e diversas outras instituições integrantes do SFN.

5. (Cespe-UnB/Banco do Brasil/2008) A Central de Liquidação Financeira e de Custódia de Títulos (Cetip) é a maior empresa de custódia e de liquidação financeira da América Latina . Sem fins lucrativos, foi criada em agosto de 1984 pelas instituições financeiras em conjunto com o Bacen e iniciou suas atividades em março de 1986, para garantir mais segurança e agilidade às operações do mercado financeiro brasileiro. Com relação à Cetip, julgue os itens subsequentes:

( ) As operações no mercado secundário que envolvem títulos registrados na Cetip são geralmente liquidadas com compensação bilateral de obrigações, em que a Cetip atua como contraparte central;

( ) Na qualidade de depositária, a Cetip processa a emissão, o resgate e a custódia dos títulos, bem como, quando é o caso, o pagamento dos juros e demais eventos a eles relacionados.

Gabarito:

1. C
2. C
3. C, C, C, E, E
4. E, C
5. E, C

Capítulo 11
Mercado de Capitais

O mercado de capitais é aquele que torna viáveis projetos que procuram sócios que queiram participar do risco do empreendimento na expectativa de retornos maiores que as taxas de juros bancárias, tornando, assim, mais eficiente a alocação de recursos. Podemos dizer que o mercado de capitais é um segmento do mercado em que às empresas negociam riscos (ações, debêntures etc.).

11.1. EMPRESAS DE CAPITAL ABERTO

É a associação de pessoas que se reúnem em espaços físicos predeterminados atuando para alcançar certos objetivos e harmonizar a função econômica e a estrutura jurídica para atrair capital de terceiros em busca de resultados econômicos. Para continuarem a crescer, as empresas necessitam de um constante fluxo de investimentos em tecnologia, marketing, desenvolvimento de produtos e pesquisas que originem ganhos em escala, os quais se tornaram fatores fundamentais para a sobrevivência e o crescimento da participação da empresa no mercado.

Ao abrir seu capital, a empresa tem por objetivo captar recursos financeiros permanentes e, ao se adquirir uma ação, seu possuidor torna-se um sócio da empresa (acionista).

Uma empresa é considerada de capital aberto quando promove a colocação de valores mobiliários em bolsas de valores ou no mercado de balcão.

11.2. MERCADO PRIMÁRIO E MERCADO SECUNDÁRIO

Quando um ativo (ação) é negociado pela primeira vez, dizemos que ele é feito no mercado primário; da segunda vez em diante, consideramos que é feito no mercado secundário. Neste, a empresa não capta recurso algum, pois suas origens aconteceram no mercado primário. Na bolsa de valores, todas as negociações ocorrem no mercado secundário, visto que os investidores efetuam o processo de compra e venda de ações.

11.3. AÇÕES

São títulos representativos de frações do capital social que confere a seus proprietários o direito de participação da Sociedade Anônima (S.A.).

Prazo para permanecer com uma ação

Uma pessoa pode ficar com uma ação durante o prazo que achar necessário e até vendê-la no mesmo dia em que comprou, realizando um Day trade, ou seja, pode-se comprar ou vender a ação utilizando a mesma corretora e agente de compensação.

As ações, no que se refere à obtenção de ganhos a médio e longo prazos, podem ser de 1ª, 2ª e 3ª linhas. As de 1ª linha são ações de grande liquidez e de empresas tradicionais e de excelente reputação; as de 2ª, um pouco menos líquidas e as de 3ª são caracterizadas por ganhos descontínuos.

11.4. SOCIEDADES POR AÇÕES

Reúne capital em geral de um grande número de pessoas com o objetivo de realizar uma atividade de maior ou menor risco em busca do lucro. Em 1807, o código comercial francês reconheceu este tipo de sociedade denominando-a sociedades mercantis. Na Holanda, surgem as sociedades por ações (Companhias das Índias e Expedições Marítimas) com o objetivo de acabar com o monopólio português.

11.5. SOCIEDADES ANÔNIMAS

São pessoas jurídicas de Direito Privado, de natureza mercantil em que o capital se divide em ações de livre negociabilidade limitando-se à responsabilidade de subscritores ou acionistas ao preço de emissão das ações por elas subscritas ou adquiridas. No Brasil, desde 1976, as S.A. têm o nome genérico de companhia (empresa).

O poder das S.A. é dividido entre acionistas na proporção de que cada um possui do capital social da empresa. O risco do acionista limita-se ao preço pago pelas ações. A substituição de um acionista por outro se dá por meio da compra ou venda das ações da companhia. A companhia mantém regras que compatibilizam a proteção dos interesses dos sócios e de terceiros interessados (credores) que propiciam a integridade do capital social. As S.A. podem propor ações judiciais contra os acionistas por descumprimento de obrigações patrimoniais ou contra administradores, e também o acionista que se sentir prejudicado pode propor ação em nome da sociedade contra os controladores da empresa.

O acionista é obrigado a integralizar sua cota na formação do capital e seu risco limita-se ao preço pago pelas ações. O relacionamento entre a empresa e a sociedade deve estar representado entre os interesses dos administradores, visto que pode haver conflitos entre administrador, acionistas e credores.

O fato é que todos esses conflitos e relações repercutem na vida econômica e financeira da empresa, e o fórum onde se encontram em discussão na empresa é o Conselho de Administração (CA).

Entre os mais importantes e conhecidos códigos de melhores práticas corporativas, alguns pontos básicos são sempre presentes:

1 – O presidente do conselho não deve ser presidente da diretoria;

2 – Deve haver maioria de conselheiros externos aos acionistas;

3 – Os conselheiros externos não devem ser ex-diretores;

4 – O presidente da diretoria deve ser profissional contratado;

5 – Deve existir uma avaliação anual do diretor-presidente da diretoria;

6 – Deve existir conflito de interesses ou negócios comuns entre o conselheiro externo e a empresa;

7 – Deve haver avaliação anual dos conselheiros;

8 – Conselheiro vindo do mercado não deve ter participado de mais de cinco conselhos anteriormente;

9 – Conselheiro deve dispor de pelo menos dois dias para acompanhamento dos negócios da empresa e para se inteirar das atividades da empresa;

10 – Conselheiro deve promover e participar de comitês de auditoria, finanças, estratégia, jurídico, entre outros.

11.6. OBJETIVOS DAS EMPRESAS

As empresas necessitam financiar seus projetos a longo prazo; a captação pode ser feita por meio do BNDES, previdência pública e privada, investidores estrangeiros, banco de investimento, banco múltiplo.

A composição dos recursos captados de uma empresa pode ser de capital próprio (recursos advindos de acionistas e da retenção de lucros gerados pela empresa) ou capital de terceiros (empréstimos, financiamentos bancários, notas promissórias, debêntures, impostos a pagar, fornecedores).

A rentabilidade de uma empresa está relacionada ao menor custo do capital. Quanto menor o custo, maior a quantidade de projetos que a empresa poderá desenvolver a fim de gerar lucros.

Caso a empresa seja de capital aberto, algumas normas têm que ser cumpridas (estatuto) como instruções na CVM, demonstrações e informações financeiras, informativo anual, publicação na ata AGE/AGO e contratação de auditoria independente devidamente registrada na CVM.

11.7. TIPOLOGIA DAS AÇÕES

Ações Ordinárias

Direito de voto (em regra cada ação ordinária tem direito a um voto) influi na decisão da empresa e distribuição de dividendos. O poder de decisão concentra-se no investidor que detenha a maior quantidade de ações.

O detentor de ações preferenciais delibera sobre o destino da sociedade, analisam suas contas patrimoniais, elegem diretoria da S.A. e podem promover alterações no estatuto. Na distribuição de dividendos, as companhias de capital aberto têm de distribuir os resultados das empresas com 25% do seu lucro líquido no mínimo, sendo que esse percentual tem respaldo jurídico.

Em economias mais desenvolvidas com maior presença do mercado de capital, o controle das grandes empresas podem atingir valores inferiores a 5%.

Ações Preferenciais

Preferência é vantagem no recebimento de dividendos, devendo ocorrer antes dos acionistas ordinários. Não possuem direito de voto e deliberação das empresas a não ser que não se distribuam dividendos durante três anos consecutivos.

As alterações promovidas pelas leis nº 9.457/1997 e n º 10.303/2001 conferem aos acionistas preferencialistas a possibilidade de receberem um dividendo proporcionalmente maior pago às ações ordinárias (10% a mais), além de possibilitar sua participação de forma mais efetiva nos conselhos de administração e fiscal.

Fruição

São ações de risco caso haja falência da empresa.

11.8. ACIONISTA MINORITÁRIO

É representado pelo acionista com direito a voto, mas com uma quantidade de tal forma que não permita o controle da companhia.

11.9. FORMA DE CIRCULAÇÃO DAS AÇÕES

Portador

O titular é aquele que detiver a ação em mãos.

Nominativas

São aquelas que identificam seu titular (nome do investidor) no livro de registro das ações nominativas. Sua transferência se dá pela averbação do nome do novo titular neste livro, conferindo todos os direitos de acionista. As ações nominativas endossáveis registram somente o nome do primeiro acionista, sendo a transferência de titularidade processada mediante endosso na própria cautela.

Escriturais

São títulos mantidos em contas-depósitos em nome de seus titulares na IF que o estatuto da sociedade designar sem emissão de certificado.

11.10. DIREITOS E PROVENTOS (REGRA GERAL DO ACIONISTA)

As empresas propiciam benefícios a seus acionistas, sob a forma de proventos (dividendos, bonificações, subscrição, juros sobre capital).

Regra geral: Todo acionista tem direito a dividendos, bonificações, *split*, juros sobre capital e direitos à subscrição.

- Dividendos: são os valores representativos de parte dos lucros da empresa que serão distribuídos aos acionistas (sócios), em dinheiro, por ação possuída (mínimo de 25%, por lei).
- Bonificação: é o ganho decorrente do aumento do capital da empresa mediante incorporações de reservas, que vêm da elevação do montante contábil do capital social. Trata-se de ação nova, proveniente do aumento de capital. Eventualmente a empresa pode optar por distribuir as reservas, ou uma parte.
- *Split*: é o desdobramento da base acionária onde permanece inalterada a captação da empresa.

- Juros sobre capital: é a remuneração paga em dinheiro pela empresa a seus acionistas e tem como vantagem reduzir o imposto de renda pago pela companhia.
- Direito de subscrição: é caracterizado pela preferência do acionista adquirir ações novas, na quantidade proporcional às já possuídas.
- Ações "com" (cheias) e ações "ex" (vazias): as ações "cheias" conferem ao titular o direito de proventos distribuídos pelas empresas e as vazias são ações cujo direito ao provento já foi exercido pelo acionista. Em bolsa somente podem ser negociadas ações que não possuam proventos anteriores a receber.
- Custos de transação são caracterizados pela taxa de corretagem sobre as operações firmada entre o cliente e a corretora.
- Tributação: o ganho líquido obtido pelo investidor no mercado à vista é tributado à alíquota de imposto de renda vigente.

11.11. QUESTÕES COMENTADAS

1. **(FCC/Banco do Brasil/2006) No mercado acionário pode-se identificar as ações preferenciais e as ações ordinárias. As preferenciais se diferenciam por:**
   a) não serem adquiridas por pessoas físicas;
   b) concederem àqueles que as possuem o poder de voto nas assembleias deliberativas da companhia;
   c) não permitirem o recebimento de dividendos;
   d) terem sua negociação vedada em bolsas de valores;
   e) oferecerem preferência na distribuição de resultados ou no reembolso do capital em caso de liquidação da companhia.

Comentário:

Para o acionista preferencial, o lucro é mais importante que o controle da empresa, priorizando-se, assim, a distribuição dos resultados. As ações preferenciais não dão direito a voto, e a *preferência* se refere ao direito de recebimento de dividendos antes dos acionistas ordinários.

Gabarito: E.

2. **(FCC/Banco do Brasil/2006) A companhia aberta desempenha um papel estratégico no mercado de capitais. No Brasil, ela se caracteriza como aquela companhia:**
   a) com capital social representado por ações negociáveis apenas fora das bolsas e do mercado de balcão;

b) cuja emissão de valores mobiliários é sujeita à prévia autorização do Banco Central do Brasil;
c) cujos valores mobiliários são admitidos à negociação na bolsa ou no mercado de balcão;
d) cujos lucros não são distribuídos aos proprietários;
e) cujos ativos são representados por valores mobiliários.

Comentário:

São premissas de uma empresa de capital aberto:

- obrigação de divulgar resultados financeiros;
- ter seu balanço auditado;
- emissão de aviso sobre fatos relevantes;
- IPO (*Inital Public Offering*) – primeiro lançamento de ações de uma empresa ao público.
- colocação de valores mobiliários em bolsas de valores ou no mercado de balcão.

Gabarito: C.

3. (Cesgranrio/Banco do Brasil/2010) Com a finalidade de captação de recursos, muitas empresas abrem seu capital e emitem ações para serem negociadas no mercado primário ou secundário, dependendo da ocasião da emissão das ações. A emissão de ações no mercado primário ocorre quando a:

a) negociação é realizada no pregão da Bolsa de Valores;
b) negociação das ações não se concretizou no mercado secundário;
c) empresa emite ações para negociação somente com empresas do setor primário;
d) empresa emite pela primeira vez ações para serem negociadas no mercado;
e) rentabilidade das ações não atingiu o patamar desejado.

Comentário:

No mercado primário, a empresa capta recursos; ou seja, estes são enviados para o emissor do título, no caso, a empresa. Assim, quando uma empresa emite novas ações e capta recursos, ela realiza um aumento de seu capital fazendo a oferta pública de suas ações e recebendo posteriormente recursos destes papéis. No mercado secundário, não há captação de recursos por parte das empresas.

Gabarito: D.

11.12. QUESTÕES PROPOSTAS

1. **Qual o papel social do mercado de ações?**
   a) concentra renda na mão dos poucos investidores;
   b) distribuir dividendos;
   c) distribuir a renda e riqueza diluída na mão de muitos investidores;
   d) não existe papel social;
   e) distribui riquezas de acordo com certos interesses.

2. **O mercado onde a bolsa de valores atua é considerado?**
   a) Mercado terciário.
   b) Mercado primário.
   c) Mercado ordinário.
   d) mercado preferencial.
   e) mercado secundário.

3. **Assinale a alternativa que indica característica das ações ordinárias:**
   a) possuem direito a voto;
   b) possuem direito a receber em primeiro lugar em caso de falência da empresa;
   c) Têm os mesmo direito das ações preferenciais;
   d) Têm preferência a receber dividendos.

4. **O mercado de ações constitui importante subsistema do sistema financeiro nacional. Acerca desse mercado, julgue os itens:**
   ( ) Desdobramento é a distribuição, mediante pagamento de taxa administrativa, de novas ações aos acionistas, por meio da diluição do capital em maior número de ações, com o objetivo de dar liquidez aos títulos do mercado.
   ( ) O denominado mercado secundário é aquele que corresponde à negociação das ações na bolsa de valores.

5. **(CVM) "Ação cheia" é linguagem utilizada pelo mercado e tem o significado de ação que:**
   a) ainda não recebeu ou exerceu direitos concedidos pela empresa emissora;
   b) já recebeu bonificações e subscrição concedidos pela empresa emissora;
   c) ainda não recebeu dividendos e split concedidos pela empresa;
   d) já recebeu e exerceu direitos concedidos pela empresa;
   e) já recebeu dividendos e bonificações concedidos pela empresa emissora.

6. **(CVM) Uma ação representa:**
   a) as reservas dos lucros de uma companhia;
   b) a parcela média do capital social de uma empresa;
   c) a maior parcela do capital social de uma empresa;
   d) a menor parcela do capital social de uma empresa;
   e) o patrimônio líquido de uma companhia.

7. **(CVM) No mercado à vista de ações, o processo de liquidação ocorre em:**
   a) D+1 para liquidação física e D+2 para financeira.
   b) D+2 para liquidação física e D+3 para financeira.

c) D+1 para liquidação física e financeira.
d) D+2 para liquidação física e financeira.
e) D+3 para liquidação física e financeira.

8. (CVM) No processo de abertura de capital e registro da companhia, na CVM, é facultativa a:

a) apresentação à CVM de cópia do novo estatuto social da companhia;
b) apresentação de relatório da administração do último exercício social;
c) nomeação de diretor de relações com o mercado;
d) contratação de auditor independente credenciado pela CVM;
e) previsão para o conselho de administração deliberar sobre futuros aumentos de capital.

9. (CVM) O mercado secundário é importante porque:

a) aumenta o lucro das companhias com ações negociadas no mercado;
b) diminui o risco de mercado para investidores detentores de ações;
c) o valor transacionado é canalizado para empresa emitente do título;
d) as empresas obtêm recursos para financiar novos empreendimentos;
e) proporciona liquidez aos ativos, viabilizando o mercado primário.

Gabarito:

1. C
2. E
3. A
4. E, C
5. A
6. D
7. E
8. E
9. E

Capítulo 12

Bolsas de Valores e Mercado de Ações

A bolsa de valores é o local onde se compram e vendem ações. Tais operações são realizadas por corretoras devidamente autorizadas. Por definição podemos dizer que bolsas de valores são associações sem fins lucrativos que representam a reunião de recursos provenientes da aquisição do título do sócio patrimonial por algumas corretoras.

No Brasil, temos duas bolsas, a Bovespa (Bolsa de Valores de São Paulo) e a BMF. Na Bovespa negociam-se ações e derivativos de ações possíveis, e na BMF negociam-se ativos à vista e derivativos sobre ativos financeiros e agropecuários.

Na Bovespa, o investidor pode atuar à vista, neste caso tem-se a liquidação física (entrega da ação pelo vendedor) e financeira (pagamento das ações pelo comprador) em três dias.

12.1. BOVESPA

- A Bovespa não pertence ao governo, mas às corretoras de valores.
- Cada corretora-membro é dona de um título patrimonial dessa associação civil, que é a Bovespa.
- Cada corretora é sócia da bolsa.
- Quando uma pessoa efetua a compra de uma ação na Bovespa, ela está se tornando uma sócia da empresa, passando a ter direitos sobre e lucros da empresa.
- Para que uma ação participe do Bovespa, ela deverá satisfazer às seguintes características: índices de negociabilidade somados representem 80% dos índices individuais somados, volume de participação superior a 0,1% do total e ter sido negociada em mais de 80% dos pregões.

12.2. IBOVESPA

Criado em 1968, o Ibovespa (Índice da Bolsa de Valores de São Paulo) é caracterizado por uma carteira teórica, ou seja, simula um investimento hipotético em um determinado grupo de ações e serve como parâmetro. O Índice Bovespa mede a rentabilidade média das principais ações negociadas na bolsa de valores de São Paulo. Este índice reflete não apenas a variação do preço das ações como também o impacto da distribuição dos proventos, sendo assim considerado um indicador do retorno total de algumas ações listadas na Bovespa. A cada quatro meses, a carteira teórica do Ibovespa é reavaliada (ou revisada).

12.3. FORMAS DE NEGOCIAÇÃO

12.3.1. Operações em Bolsa

As bolsas possuem um horário de negociação, o chamado *pregão*. O pregão da Bovespa ocorre das 10h até as 17h e, com o horário de verão, das 11h às 18h. Após o fechamento do pregão, há o *after market*, no qual o mercado fica fechado por 45 minutos e depois reaberto das 18h45 e 19h30 para negociações adicionais. As negociações são informatizadas, não tendo o pregão um local físico.

Em sua fase de execução, o intermediário financeiro (corretora) tem em seu escopo profissionais especializados para fornecer orientações sobre investimento, receber ordens dos investidores e repassar aos operadores qualificados por ele que têm acesso ao sistema de negociação de bolsas.

Na fase de liquidação (executada a ordem de compra e venda), ocorre a transferência de propriedade dos títulos, pagamento e recebimento do montante envolvido.

Fluxo de Liquidação

D + 0 : dia da operação.

D + 1 : prazo para os intermediários financeiros (corretoras) especificarem as operações por eles executadas junto à bolsa.

D + 2 : Entrega e bloqueio dos títulos para liquidação física da operação, caso ainda não estejam na custódia da CBLC.

D+3 : Liquidação física e financeira da operação

A Bovespa utiliza a CBLC para liquidar as operações realizadas em seus mercados, e as corretoras que operam na Bovespa e outras IFs são agentes de compensação da CBLC.

12.3.2. Sistema Eletrônico de Negociação

Segundo a CVM, apenas as corretoras possuem o direito de negociar ações nas bolsas de valores, ou seja, podem efetuar compra e venda de ativos. Neste caso, em se querendo adquirir qualquer tipo de ação, deve-se abrir uma conta em uma corretora onde serão transacionados recursos financeiros e ações (como recursos financeiros, temos a taxa de manutenção da conta, chamada de taxa de custódia). Ao abrir uma conta, o acionista passa a ter um login e uma senha podendo, assim, acessar o sistema e passando à corretora a responsabilidade solidária com seus clientes perante as bolsas quando for efetuada determinada operação.

A ligação entre as corretoras e seus clientes é feita por meio de um sistema chamado *Home-Broker*, cabendo a cada corretora desenvolver o próprio sistema. Na prática, a bolsa aglutina todas as ordens emitidas por todas as corretoras e seus clientes.

- A corretora pode cumprir as ordens de seus clientes no próprio escritório por meio de terminais ligados à bolsa.
- Os computadores registram as ofertas de compra e venda e o negócio é fechado eletronicamente (casamento).
- *Circuit Breaker*: interrompe as negociações por 30 minutos caso as ações caiam 10 %.
- As operações podem ser feitas também por telefone dado que as corretoras mantêm uma mesa de operação à disposição de seus clientes.
- As corretoras cobram taxas de corretagem que podem ser fixas ou variáveis por ordem.
- Existe uma tabela de corretagem divulgada pela Bovespa.
- O acionista pode mudar de corretora, bastando fazer a transferência da custódia.

Pregão Viva Voz

O pregão viva voz foi extinto em 30/9/2005. Este correspondia a sessões em que os preços e as quantidades dos ativos eram negociados verbalmente, com a disputa da ordem de compra e venda (chão de bolsa).

12.3.3. *After Market*

O *after market* permite a negociação de ações no período noturno, após o horário regular de forma eletrônica. As operações são dirigidas por ordem e fechadas por meio do sistema eletrônico de negociação da Bovespa (megabolsa).

A totalidade de ordens enviadas tem um limite de R$ 100.000,00 por investidor para o período.

12.3.4. Governança Corporativa

É caracterizada pelas práticas adotadas por empresas que garantem tratamento igualitário a acionistas majoritários e minoritários. As empresas que aderem ao novo mercado aceitam regras mais rígidas ampliando, assim, os direitos dos minoritários e melhorando a qualidade das informações prestadas.

12.4. SOCIEDADE CORRETORA DE VALORES

É representada por uma empresa que promove a aproximação entre compradores e vendedores de títulos e valores mobiliários. A missão de uma sociedade corretora de valores é criar condições de negociação, como segurança e liquidez em operações feitas num recinto próprio (as bolsas de valores).

Estrutura Geral

Corretora cliente
Habilitada aprovada pelo Bacen e CVM
Na Bovespa
Buscar ícone
(corretoras) www. bovespa.com.br

Regra geral: as corretoras ajudam o cliente a escolher as melhores opções de investimento, de acordo com o seu perfil.

12.5. TIPOS DE ORDEM DE COMPRA E VENDA

- **Ordem a mercado:** neste caso o investidor especifica somente a quantidade e as características dos valores mobiliários ou direitos de compra e venda. Cabe à corretora executar a ordem assim que recebê-la.
- **Ordem administrada**: a execução da ordem ficará a critério da corretora; cabe ao investidor especificar somente a quantidade e características dos valores mobiliários.
- **Ordem discricionária**: a carteira de títulos é administrada por pessoa física ou jurídica ou representante de mais de um cliente em condições de executar a ordem.

12.6. ORDENANTE

O ordenante, após executada a ordem, indicará:

- o nome do investidor;
- a quantidade de títulos e/ou valores mobiliários a ser atribuída a cada um deles;
- preço.

12.7. TIPOS DE ORDEM

- Ordem casada: só e efetivada se ambas as transações puderem ser executadas.
- Ordem de financiamento: neste caso o investidor determina a ordem de compra ou venda de um valor mobiliário ou direito em determinado mercado, com prazo de vencimento distinto.
- Ordem *on stop*: neste caso, especifica-se o nível de preço a partir do qual a ordem deve ser executada.

12.8. LIQUIDAÇÃO

As operações realizadas na Bovespa são efetuadas pela Companhia de Liquidação e Custódia – CBLC –, cabendo a esta todo o processo de transferência da propriedade dos títulos, pagamento e recebimento do montante financeiro envolvido.

12.9. PARTICIPAÇÃO NO MERCADO DE AÇÕES

Se a participação for individual, o interessado manifesta sua intenção a uma sociedade corretora, que será sua intermediária; se coletivamente, os interessados demonstram seu interesse a cotas de clubes de investimento ou de fundo de ações.

12.10. INVESTIDORES

Trata-se de indivíduos ou instituições que aplicam seus recursos em busca de maiores ganho a médio e longo prazos. Operam nas bolsas por meio de distribuidoras de valores e corretoras, que executam ordens e recebem corretagem pelo serviço.

12.11. OPERAÇÃO DE *UNDERWRITING*

As operações de *underwrinting* (ou subscrição) fazem parte do mercado primário. Em linhas gerais, representam a colocação ou lançamento de títulos mobiliários para investimento ou revenda no mercado de capitais. A AGE autoriza a emissão, preparo do envio da documentação para registro na CVM, formação do *pool* de IFs intermediárias, *marketing* da operação, registro e anúncios de início e encerramento da distribuição, boletins de subscrição e liquidação financeira, registro na bolsa de valores.

Block Trade (transação em bloco)

É a distribuição secundária de um lote de ações que está na mão de um acionista.

12.12. DIREITO DE SUBSCRIÇÃO

É o direito de todos os acionistas em adquirir novas ações emitidas por uma companhia. Os direitos de subscrição podem ser negociados mediante a emissão de bônus de subscrição, título negociado no mercado de capitais que dá a seu titular o direito de subscrever ações pelo preço de lançamento. Por meio da elevação do seu capital social a sociedade emite e oferece para subscrição novas ações aos investidores. A colocação de ações no mercado pode ocorrer tanto pela emissão de novas ações pela empresa quanto pela oferta pública de ações retidas por um investidor.

12.13. DEBÊNTURES

A emissão de debêntures representa um empréstimo que uma companhia faz junto a terceiros, mediante contrato denominado Escritura de Emissão. Nele, constam todos os termos e condições da operação, tais como remuneração, prazo, forma de amortização, garantias etc. A debênture é o título representativo desse empréstimo.

Em geral, as emissões são públicas, efetuadas por companhias abertas devidamente registradas na CVM e colocadas no mercado por meio de um sistema de distribuição, com a intermediação de bancos de investimento e sociedades corretoras e distribuidoras.

A emissão de debêntures não altera a situação patrimonial relativa ao controle acionário da companhia, salvo as conversíveis em ações. Uma empresa ao emitir debêntures na verdade busca financiamentos com custos menores que os bancários com promessa de remuneração. Podemos dizer que debêntures seriam títulos de subscrição popular tendo como lastro ou garantia todo ativo e todos os bens da sociedade emissora não podendo o valor da emissão ser superior ao capital social da empresa emissora.

12.14 OUTROS TÍTULOS EMITIDOS PELA EMPRESA

As empresas emitem normalmente todo tipo de título de crédito de efeito comercial ou para captação de poupanças. Como exemplo, seguem-se informações sobre eurobônus e os *commercial papers*.

12.14.1. Eurobônus

São bônus emitidos por empresas brasileiras no mercado europeu, com instituições financeiras como garantidoras, cuja renda é fixada segundo a taxa *treasury* da Libor (*London Interbank Offered Rate*, taxa preferencial de juros para bancos que operam no mercado do eurodólar), mais um *spread* de acordo com o risco do emissor, com prazos variados. Tem características semelhantes às de uma debênture não conversível em ações.

12.14.2. Notas Promissórias

Título de crédito de curto prazo emitido por instituições não financeiras, sem garantia real, podendo ser garantido por fiança bancária, negociável em mercado secundário, com data de vencimento certa e com colocação pública, que confere a seu titular direito de crédito contra o emitente.

12.15. OPERAÇÕES SOBRE O ÍNDICE BOVESPA MINI

Em regra, é idêntico ao índice Bovespa atual, diferindo pelo fato de que sua carteira ter 10% das atualmente utilizadas (quantidades teóricas), dessa forma, o valor do índice Bovespa Mini (MIBV) será 1/10 da cotação do índice Bovespa (Ibov).

12.16. QUESTÕES COMENTADAS

1. (FCC/Banco do Brasil/2006) No mercado acionário, uma negociação à vista requer que as ações sejam entregues pelo vendedor:

a) até o segundo dia após a negociação – D+2,
b) no dia da negociação – D zero,

c) até o primeiro dia após a negociação - D+1,
d) até o terceiro dia após a negociação - D+3,
e) até o quarto dia após a negociação - D+4.

Comentário:

A sociedade corretora ou instituição responsável deve disponibilizar os títulos a CBLC para sua custódia (custódia dos títulos do vendedor), ficando assim disponível ao comprador (no terceiro dia útil – D_3) após respectivo pagamento. No pagamento da operação, deve quitar o valor total em D_3 após a realização do negócio em pregão.

Gabarito: D.

2. FCC/Banco do Brasil/2006) Dentre os valores mobiliários negociados no Brasil, encontram-se as debêntures, que são títulos:

a) representativos do capital social da empresa emitente;
b) cujos direitos, garantias e demais cláusulas e condições da emissão estão contidos na escritura de emissão;
c) cujo prazo limite é de cinco anos;
d) que não se submetem ao processo de *underwriting*;
e) que podem ter garantia real disponível para negociação.

Comentário:

São garantias e características das debêntures:

- emitidas com ou sem garantia real ou flutuante;
- o valor total das emissões de debêntures não pode ultrapassar o capital social da emperesa (existem exceções);
- a CVM pode fixar limites para a emissão de debêntures negociados no mercado;
- proporcionam a seus titulares rendimentos periódicos representados por juros fixos ou variáveis e correção monetária ou cambial;
- podem oferecer participação nos lucros da companhia e prêmio de reembolso;
- na *escritura de emissão* constam todos os termos e condições da operação, tais como remuneração, prazo, forma de amortização, garantias, etc.

Gabarito: B.

3. (FCC/Banco do Brasil/2006) Analise:

I. O *underwriting* firme prescinde de registro na Comissão de Valores Mobiliários.

II. No *underwriting stand-by* a empresa emitente recebe imediatamente os recursos dos valores mobiliários colocados à negociação.

III. Em um *underwriting*, há instituições financeiras que atuam como agentes da companhia emissora.

É correto o que consta em:

a) III, apenas;
b) II e III, apenas;
c) II, apenas;
d) I, apenas;
e) I, II e III.

Comentário:

Há três tipos de contrato entre a empresa que lança os títulos e a financeira que os coloca junto ao público:

- *straight* (ou firme) – a financeira subscreve a totalidade do lançamento, pagando-a diretamente à empresa;
- *stand-by* – a financeira compromete-se a subscrever os títulos não adquiridos pelo público (o recebimento não se dá imediatamente);
- *best-efforts* (melhores esforços) – A financeira compromete-se a esforçar-se para vender os títulos, sem assumir a responsabilidade de subscrevê-los, e devolve à empresa aqueles não negociados pelo público (residual).

Vale ainda ressaltar que nenhum ato de distribuição de valores mobiliários poderá ser feito sem registro na CVM. Assim, a subscrição (*underwriting*) não *prescinde* de, ou seja, não *dispensa* registro na CVM.

Gabarito: A.

12.17. QUESTÕES PROPOSTAS

1. A Bolsa de Valores é considerada:

a) sociedade anônima;
b) sociedade de cotas limitadas;
c) sociedade sem fins lucrativos, constituídas por seguradoras;
d) sociedade sem fins lucrativos;
e) sociedades com fins financeiros.

2. (CEF) O índice de bolsa de valores que mede o desempenho médio dos preços de uma suposta carteira de ação, refletindo o comportamento do mercado em um determinado intervalo de tempo. O valor absoluto do índice da carteira expressa o valor de mercado da carteira de ações negociada na bolsa de valores, sendo as variações verificadas de um período para o outro entendidas como sua lucratividade. Está correto afirmar que:

a) O objetivo básico do Ibovespa é refletir o desempenho exato dos negócios ocorridos nos pregões da bolsa de valores de São Paulo.
b) O IGC Índice de Governança Corporativa foi criado pela Bovespa com o objetivo de diminuir o desempenho de uma carteira de ações de empresas com práticas de governança corporativa.
c) O Ibovespa é o mais importante indicador de desempenho das cotações de ações negociadas no mercado brasileiro.
d) As ações seguem, normalmente, o comportamento geral do mercado, impossibilitando que se compreenda a oscilação de uma ação a partir do desempenho estabelecido pelo mercado como um todo.
e) A composição da carteira deve priorizar as ações que tenham pequenas representatividades nos negócios realizados na bolsa de valores.

3. **(CVM) São características das ações que constituem o capital social de uma companhia:**
a) forma, tipo, classe e preço;
b) espécie, forma, tipo e classe;
c) espécie, emissor, tipo e preço;
d) emissor, preço, tipo e classe;
e) espécie, emissor, forma e tipo.

4. **(CVM) No mercado à vista de ações o processo de liquidação ocorre em:**
a) D+1 para liquidação física e D+2 para financeira;
b) D+2 para liquidação física e D+3 para financeira;
c) D+1 para liquidação física e financeira;
d) D+2 para liquidação física e financeira;
e) D+3 para liquidação física e financeira.

5. **(CVM) No sistema de negociação e liquidação das operações de bolsa, considera-se D+1 como o dia:**
a) da liquidação do mercado à vista;
b) do vencimento do mercado a termo;
c) da realização da operação;
d) seguinte ao da operação;
e) útil seguinte ao da operação.

6. **O que são debêntures?**
a) São títulos emitidos por sociedades anônimas de capital fechado.
b) São títulos emitidos ; por empresas financeiras de capital aberto.
c) São títulos omitidos por bancos com garantia do seu ativo.
d) São títulos emitidos por sociedade anônima não financeira, capital aberto, sem garantia de seu ativo.
e) são financiamento a curto prazo e dívida securitizada.

7. **(Cesgranrio/Banco do Brasil/2010) As operações de *underwriting* (subscrição) são praticadas pelos bancos de investimento que realizam a intermediação da distribuição de títulos mobiliários no mercado. A Garantia**

Firme é um tipo de operação de *underwriting* no qual a instituição financeira coordenadora da operação garante a:

a) colocação dos lotes de ações a um determinado preço previamente pactuado com a empresa emissora, encarregando-se, por sua conta e risco, de colocá-lo no mercado;

b) rentabilidade das ações colocadas no mercado, responsabilizando-se por devolver o dinheiro à empresa emissora em caso de uma desvalorização repentina;

c) renovação da subscrição das ações colocadas no mercado e que não encontraram compradores interessados;

d) oferta global das ações da empresa tanto no país quanto no exterior, assumindo todos os riscos relacionados à oscilação de mercado;

e) prática de melhores esforços para revender o máximo de uma emissão de ações para os seus clientes por um prazo determinado.

Gabarito:

1. D
2. C
3. B
4. E
5. E
6. E
7. A

Capítulo 13
Derivativos

O mercado de derivativos é resultante do mercado à vista e tem como principal objetivo proteger o mercado de grandes oscilações de preços de mercado. O mercado de derivativos negocia *COMMODITIES* que, na realidade, são ativos negociados na Bolsa de Mercadoria e Futuros (BM&F) índice Bovespa, ouro, cupom cambial, ativos agropecuários, entre outros.

13.1. ORIGEM DO MERCADO DE DERIVATIVOS

As bolsas de mercadorias têm sua origem nas feiras abertas onde se negociavam gêneros alimentícios como os arrozais do Japão em 1850 sendo a principal *commodity* japonesa e considerado quase moeda. O mercado derivativo tem suas origens nos arrozais japoneses onde os fazendeiros prometiam a entrega de arroz ao centro de Osaka (venda com entrega diferida, onde comprador paga pela mercadoria e o vendedor promete entregá-lo em local e data previamente estabelecidos pelas partes).

Em 1970, novas estratégias de mercados e produtos se fazem presentes no cenário brasileiro, geradas pela crise do petróleo, câmbio livre, altas taxas de juros, aumentos dos riscos.

Os clientes dos bancos, principalmente as indústrias multinacionais, começaram a demandar formas mais eficientes de financiamento e proteção para seus investimentos contra alterações na paridade das moedas.

Em 1971 houve uma mudança do câmbio de acordo com de Bretton Woods 1944 (moeda – dólar – paridade fixa com o ouro), em que o ouro perde sua posição como reserva de valor para as moedas europeias. Neste cenário a década de 1980 é caracterizada pela concorrência mundial acirrada da indústria automobilística, internacionalização das empresas, investimento fora do eixo EUA/Europa e informatização.

Em um mercado globalizado, no contexto das informações e em sua busca que tem um preço de mercado, novos segmentos financeiros surgiram como os fundos de pensão, fundos administrados e derivativos.

13.2. FATORES QUE DETERMINAM A EXPANSÃO DO MERCADO DE DERIVATIVOS

- Nível da taxa de juros real, atual e futura ou projetada, política monetária, déficit ou superávit nas contas do governo e expectativa do mercado quanto ao nível ideal da taxa de juros.
- O período de 1970 pode ser caracterizado pela procura do capital pelo melhor retorno e menor risco. Neste cenário, e atendendo as necessidades das empresas, surgiram os primeiros derivativos de balcão ou *swaps*.
- Derivativos é um contrato bilateral ou um acordo de troca de pagamentos cujo valor deriva do valor de um ativo ou objeto referenciado em uma taxa ou índice.
- Uma debênture pode ser considerada um tipo de derivativo quando carrega opções de conversão ou indexação. O fator de conversão comporta-se como uma opção o que confere a este valor mobiliário uma característica especial.

Esquema dos Derivativos

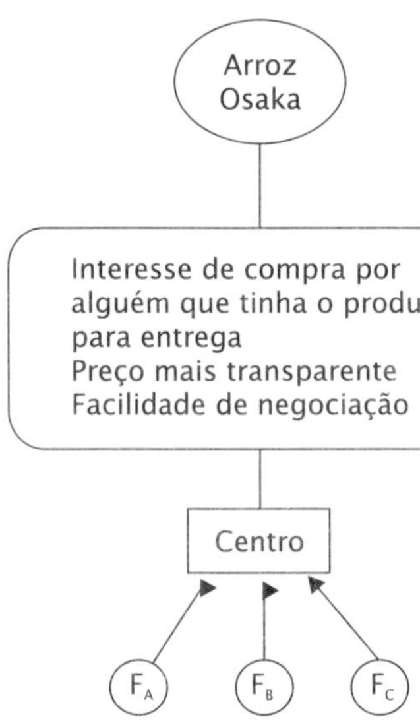

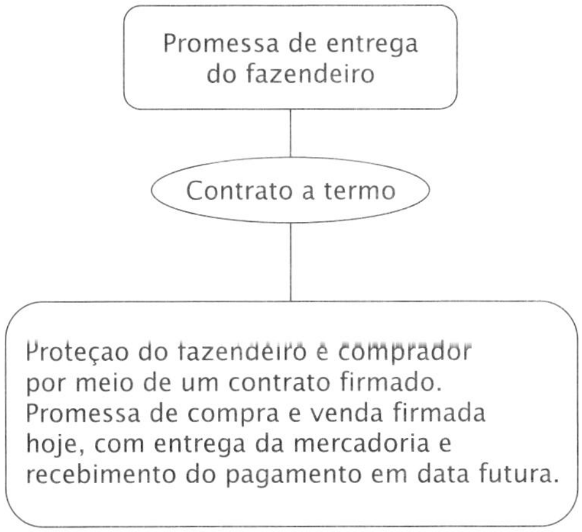

13.3. CONTRATO A TERMO

Com o decorrer do tempo o comprador receoso de não receber a mercadoria e perder o dinheiro, estabelece a negociação por meio de um contrato firmado mas sem o pagamento do bem.

O contrato a termo, que é a promessa de compra e venda firmada hoje, com entrega da mercadoria e recebimento do pagamento em data futura. O comprador assume a responsabilidade de pagar o valor previamente ajustado e contratado ao vendedor na data da entrega do bem. O vendedor assume a responsabilidade de entregar o bem no local na quantidade e qualidade previamente acordadas.

Na data de contratação são definidos todos os detalhes de comercialização do produto, como: qualidade da mercadoria; quantidade negociada; local de entrega; preço do produto; penalidades pelo não cumprimento das cláusulas do contrato.

Vantagens do Contrato a Termo

- o vendedor garante mercado e preço para sua produção e o comprador garante fornecimento e preço para o produto;
- maior facilidade para comercialização do bem e menor oscilação de preço;
- maior informação sobre preços futuros do produto;
- melhor programação dos produtores;
- informações futuras de preço de certo produto e planejamento no que plantar.

13.4. VANTAGEM DO MERCADO DE BOLSAS

- Sistema de negociação e liquidação em regras claras;
- Compradores e vendedores não estão sujeitos à boa vontade do comerciante;
- Se algo desse errado havia uma entidade a quem recorrer;
- Foram criados códigos de ética e conduta onde se imputavam penas àqueles que tivessem conduta nociva ao bom andamento dos negócios.

13.5. CONSEQUÊNCIAS

- Formalmente constituídas a negociação do bem e realizado em próprio recinto;
- Normas claras para todos os participantes;
- Autorregulamentação imputando penalidades a qualquer infração;
- Transparência de preços;
- Intervenção no momento da negociação.

13.6. PARTICIPANTES DO MERCADO DE DERIVATIVOS

Hedger

É o detentor de contratos a termo ou futuro. Pode ser uma pessoa ou uma empresa que se utiliza do mercado para se proteger de eventuais mudanças no preço de um produto.

Hedgear significa fazer uma operação no mercado de derivativos com o objetivo de proteção quanto à possibilidade de oscilação de um preço, taxa ou índice. Ele abre mão de possíveis ganhos futuros para não incorrer em perdas futuras.

Exemplos:

Estocagem de café em baixa – neste caso serão comprados contratos de liquidação futura para garantir seu preço de reposição.

Estocagem de café em alta (armazém cheio) – nessa situação, vende-se o café a futuro protegendo-se de eventuais perdas no valor da mercadoria em seu poder.

O objetivo das práticas acima é garantir sua margem de lucro.

Especulador

É um elemento necessário ao mercado. Toda atividade econômica gera risco. A atividade econômica é especulativa por definição. Quando o *hedger* não quer correr risco, ele o transfere para o especulador.

O especulador é uma pessoa ou empresa cuja atividade principal não está relacionada com o bem objeto do contrato derivativo e que assume posições no mercado para obter exposição ao risco de oscilação de preços. O especulador assume hoje o risco de perdas futuras na esperança de auferir ganhos futuros, sem ele o *hedger* não terá a quem repassar seu risco. Não confunda especulador com manipulador.

Arbitrador

É o participante que, assumindo muito pouco o risco, opera em mais de um mercado simultaneamente para se valer de distorções de preços de relativos. Este é responsável pelo estabelecimento e manutenção entre preços futuros e à vista.

Normalmente os arbitradores são grandes bancos que possuem uma fonte de financiamento barato ou grandes empresas que trabalham com o produto objeto do derivativo e que possuem a facilidade de negociá-lo no mercado à vista.

Podemos dizer que especular é simplesmente ter alguma opinião sobre o comportamento futuro do preço de um bem e decidir se algo será feito diante dessa expectativa ou não.

Market Maker

São normalmente representados por bancos ou corretoras que operam sempre em determinado mercado carregando posições próprias (investindo o próprio capital) e que se especializaram em determinados produtos e papéis.

Eles possuem a vantagem de gozar de redução de custos operacionais e possuem preferência em qualquer negócio. Em contrapartida, são obrigados a oferecer preços de compra e venda para o produto em que se especializaram. Esses preços seguem, obrigatoriamente, regras estabelecidas pela bolsa e devem atender a um *spread* máximo.

No mercado de derivativos negociado fora da bolsa não é muito comum encontrarmos especialistas formalmente constituídos. Podemos, sim, encontrar empresas (principalmente bancos de investimento e corretoras) que se especializam em determinado produto. Neste caso, eles atuam quase como um *market maker*, entretanto sem a obrigatoriedade de se submeter a um código de ética e conduta. Normalmente essas empresas são também responsáveis por boa parte da arbitragem realizada no mercado.

Câmara de Compensação (Clearing House)

Os corretores logo perceberam que se um de seus clientes não honrasse os compromissos assumidos, estariam em uma posição muito difícil e perderiam a confiança do mercado e muitos provavelmente estariam fora do sistema. Os corretores criaram outra instituição com o objetivo de garantir as operações realizadas na bolsa.

Foi criada a câmara de compensação capitalizada com o dinheiro dos corretores membros. Sua fonte de renda é feita por meio da cobrança de pequena taxa de juros em todas as transações.

De uma maneira geral, podemos definir *clearing* como associações compostas de membros de compensação que capitalizam a empresa. Elas são responsáveis pela compensação e liquidação das posições assumidas nas bolsas por seus participantes. As corretoras são "garantidoras" finais das posições de seus clientes.

13.7. OPÇÕES DE AÇÕES

Representam um instrumento que dá a seu titular, ou comprador, um direito futuro sobre algo, mas não uma obrigação, e a seu vendedor, uma obrigação futura, caso solicitado pelo comprador da opção. São contratos que dão direito de compra ou venda de determinada quantidade de ações a um preço fixo.

Como exemplo de opção, podemos citar um contrato de seguro, em que o segurado tem o direito de ser ressarcido caso haja sinistro, mas não tem nenhuma obrigação futura.

Na opção de compra, o titular pode exercer seu direito a qualquer momento, até a data de vencimento. No caso da opção de venda, só poderá exercer seu direito na data de vencimento.

13.8. *SWAP*

É um contrato de derivativos por meio do qual as partes trocam o fluxo financeiro de uma operação sem trocar o principal. São acordos privados entre duas empresas e podem ser considerados como uma extensão natural do estudo de contratos futuros e a termo. Tem o efeito de transformar um empréstimo a taxa fixa num empréstimo a taxa flutuante, e vice-versa.

Exemplo: uma empresa está financiando seu produto tomando recursos à taxa pós-fixada, hoje em 1,6% para período de 60 dias. Para não ter perdas com alta da taxa, o banco propôs um acordo em que, caso a taxa subisse, o banco cobriria o prejuízo e, em caso contrário, a empresa pagaria a diferença.

Plain Vanilla

É um tipo de *swap* muito comum que se constitui na simples troca de uma taxa fixa para uma flutuante ou vice versa.

13.9. QUESTÕES COMENTADAS

1. **(FCC/Banco do Brasil/2006) O contrato a termo é:**
   a) um acordo entre as partes, por meio do qual elas se obrigam a trocar, em data certa, fluxos de caixa futuros atrelados a indicadores econômicos pre definidos;
   b) um acordo entre as partes, por meio do qual, em uma data definida, uma delas se obriga a entregar certa quantidade de determinado produto e a outra se compromete a pagar um preço previamente acordado entre as partes;
   c) uma aplicação financeira de renda fixa, destinada a grandes investidores, pessoa física ou jurídica, ambos com interesses no mercado agrícola;
   d) um acordo entre as partes, por meio do qual elas adquirem o direito de trocar, em data certa, fluxos de caixa futuros atrelados a indicadores econômicos predefinidos;
   e) um acordo entre as partes, por meio do qual, em uma data definida, uma delas adquire o direito de entregar certa quantidade de determinado produto e, caso esse direito seja exercido, a outra se compromete a pagar um preço predeterminado.

Comentário:

Os contratos futuros auxiliaram na solução do problema de risco do sistema e trouxeram várias vantagens à negociação em bolsa. O mercado percebeu que era mais fácil negociar contratos com vencimentos em determinadas datas próximas do pico da safra ou entressafra, para serem entregues em determinados locais próximos dos principais centros consumidores ou produtores e em certas quantidades. Estabeleceu-se, assim, uma padronização do mercado estabelecendo limites de qualidade, prazos, entre outros.

Contrato a Termo

- Contrato particular entre as duas partes.
- Não padronizado.
- Uma só data de entrega acordada ajustada no vencimento, entrega ou liquidação financeira final.

Contrato Futuro

- Negociado em bolsa.
- Padronizado.

- Várias datas de entrega.
- Ajustado diariamente.
- Encerrado geralmente antes do vencimento.

Gabarito: B.

2. **(FCC/Banco do Brasil/2006) No que diz respeito aos derivativos denominados *opções*, é correto afirmar que:**
   a) o lançador de uma *call* e o titular de uma *put* assumem os mesmos compromissos em relação às suas contrapartes.
   b) tanto opções europeias quanto opções americanas só podem ser exercidas em data predeterminada.
   c) preço de exercício é o valor pago pelo comprador de uma opção de venda para obter o direito de comprar o ativo objeto da opção;
   d) a expressão *call*, no mercado, refere-se a uma opção de venda, e a expressão *put* refere-se a uma opção de compra;
   e) prêmio é o valor recebido pelo vendedor da opção como contrapartida à sua exposição ao risco.

Comentário:

O mercado de opção é negociado na bolsa de valores e regulado pela CVM, e uma das principais vantagens deste mercado é a volatilidade de preços e o lastro exigido pelas corretoras como garantia de que o vendedor estará cumprindo a sua obrigação.

Tipos Básicos de Opções

Opções de compra (*call*): O comprador tem o direito de adquirir algo por um determinado preço.

Opções de venda (*put*): O comprador da opção tem o direito de vender algo por determinado preço.

Gabarito: E.

13.10. QUESTÕES PROPOSTAS

1. **Os mercados futuros têm como objetivo:**
   a) alavancar negócios dos agentes econômicos;
   b) proteção dos agentes econômicos;
   c) ganho em negócios futuros;
   d) efetuar operações de ganho pronto.

2. **O mercado de *SWAP* permite:**
   a) hedge perfeito;
   b) um boxe perfeito;

c) trava de alta;
d) spread máximo;
e) depósitos baixos.

3. Onde o mercado de derivativos é realizado?
a) Bovespa;
b) BM&F;
c) Copom;
d) CMN;
e) CVM.

4. O mercado utilizado pelas instituições financeiras é chamado de:
a) mercado de balcão;
b) mercado spot;
c) mercado futuro;
d) mercado à vista;
e) mercado de ações.

5. No mercado de opções temos a figura do(s):
a) devedor, comprador, hedger;
b) comprador, especulador, jogador;
c) jogador, devedor, especulador;
d) especulador, jogador, boxe;
e) todas acima estão corretas.

6. Uma operação de arbitragem de preços de um ativo, cotado em dois mercados diferentes, torna-se atrativa quando esses preços:
a) diferenciam-se, após terem permanecido iguais nas duas praças;
b) caem na mesma proporção;
c) sobem na mesma proporção;
d) permanecem iguais nas duas praças;
e) igualam-se, após serem diferentes, nas duas praças.

7. A opção de *PUT* embutida em um título emitido no exterior dá ao investidor, em uma data estabelecida na emissão, o direito de:
a) renegociar as taxas com o emissor;
b) negociar a devolução do título;
c) negociar a antecipação do prazo;
d) negociar a prorrogação do prazo de vencimento;
e) devolver o título.

8. Derivativos são instrumentos financeiros cujas estruturas e valores dependem e existem como referência a outros ativos, tais como valores mobiliários, dinheiro, mercadorias, ou seus preços. Acerca desse tema, julgue os itens que se seguem.

( ) Embora muito raramente, os derivativos são usados como trava de risco (hedge) relativa a variações de taxas de juros ou a oscilações de taxas cambiais.
( ) Derivativos são usados na gerência de direitos e obrigações resultante dos ativos originais, na criação de novos instrumentos nos mercados de capitais e na obtenção ou eliminação de riscos associados com a propriedade de ativos, sem os custos de venda ou compra efetiva de tais ativos.
( ) Os principais tipos de derivativos são as opções (de compra ou venda), as operações futuras as operações a termo e as trocas (*swaps*).

9. Os mercados futuros são mercados organizados onde podem ser assumidos compromissos padronizados (contratos) de compra ou venda de determinada mercadoria, ativo financeiro ou índice econômico para liquidação em data futura preestabelecida. A esse respeito, julgue os itens que se seguem.
( ) Um contrato futuro é um contrato a termo padronizado, em que são especificados o bem, seu volume, a data da liquidação e a da entrega, conforme estabelecem as bolsas de futuros.
( ) Opção é o direito de uma empresa comprar ou vender a uma outra empresa, até determinada data, uma quantidade do ativo objeto a um preço preestabelecido.
( ) Os *swaps*, que podem ser considerados carteiras de contrato a termo, são acordos privados entre duas empresas para a troca futura de fluxos de caixa, respeitada uma fórmula previamente estabelecida.

10. Leia atentamente o texto abaixo e julgue os itens a seguir.
Os mercados futuros e de opções propiciam aos investidores uma tomada de decisão mais técnica, melhorando o entendimento do mercado com relação ao desempenho das opções de investimento em condições de risco. Esses derivativos oferecem também uma proteção contra prejuízos ocasionados por alterações desfavoráveis nas cotações dos ativos. Os mercados futuros e de opções permitem que investidores não integralizem os investimentos em seus vencimentos, desde que as cotações de mercado lhes sejam adversas. Mesmo que possam perder o depósito efetuado, o prejuízo pode apresentar-se menor do que se eles fossem obrigados ao pagamento futuro.
A partir do texto, é correto concluir que o uso de derivativos no mercado financeiro acarreta:
( ) desestimulação da liquidez do mercado físico;
( ) redução do preço dos bens por intermédio do melhor gerenciamento do risco;
( ) criação de defesas contra variações adversas de preços;
( ) maior atração de capital de risco, permitindo garantia de preços futuros para ativos;
( ) realização de negócios de maior porte, com volume de capital relativamente grande e nível desconhecido de risco.

11. (CVM) No mercado de opções de ações, o prazo de vencimento das séries pode ocorrer:

a) mensalmente, na 4ª feira mais próxima do dia 15;
b) mensalmente, toda primeira 2ª feira;
c) mensalmente, toda terceira 2ª feira;
d) todo primeiro dia útil do mês de vencimento;
e) mensalmente, na 2ª feira mais próxima do dia 15.

Gabarito:

1. C
2. A
3. B
4. A
5. B
6. A
7. E
8. E, C, C
9. C, C, C
10. E, E, C, C, E
11. C

Capítulo 14 Câmbio

Câmbio é o mecanismo no qual ocorre a troca de moeda de um país pela moeda de outro país; ou seja, no caso do Brasil, o câmbio se caracteriza pela troca de uma moeda estrangeira pelo seu contravalor em moeda nacional.

O mercado cambial é o segmento em que se realizam operações de compra e venda de moedas estrangeiras conversíveis. O Bacen conceitua mercado de câmbio como o ambiente abstrato onde se realizam as operações de câmbio entre os agentes autorizados pelo Bacen (bancos, corretoras, distribuidoras, agências de turismo e meios de hospedagem) ou entre estes e seus clientes.

A política cambial refere-se à administração da taxa de câmbio do país, que representa o controle do preço da moeda desse país perante os outros e este valor servirá de referência para as relações dos agentes econômicos. No mercado interno existem vários participantes, como corretoras, casas de câmbio, entre outros.

14.1. TAXA DE CÂMBIO

A taxa de câmbio é a que compara a moeda nacional com a estrangeira, ou seja, determina seu poder de troca.

Representação: E = R$ / U$

Se a taxa de câmbio passa de 3/1 para 5/1, temos uma desvalorização da moeda nacional, pois para cada unidade de capital deveremos pagar mais em reais.

As taxas de câmbio são determinadas no mercado de câmbio que, por sua vez, é influenciado pelas forças de oferta e demanda de moeda estrangeira o país, também chamadas de divisas.

A formação da taxa de câmbio é determinada pela relação de oferta e procura de moeda, podendo ocorrer, se necessário, intervenção do Bacen.

14.2. MERCADO DE CÂMBIO

O mercado de câmbio pode ser livre ou controlado. Se for livre, pode-se comprar e vender moeda livremente e, neste caso, praticamente inexiste a presença do governo. Caso este eventualmente interfira, será para coibir a especulação e defender a moeda nacional. No caso do câmbio controlado, a compra e venda de moeda obedece a normas do governo. Já neste caso, por exemplo, o turista que viaja para o exterior só pode levar um montante de moeda estrangeira estabelecido pelo governo etc.

14.3. TAXAS DE COTAÇÃO

- Comercial: é caracterizado pela compra e venda de moedas entre bancos e empresas.
- Interbancário: é feita de banco para banco, com prazo de liquidação D + 2.
- Paralelo: caracterizada por operações em casas de câmbio.
- Turismo: operação caracterizada por pessoas que irão viajar para exterior e casas de câmbio autorizada.

Corretor de Câmbio

O corretor de câmbio é o intermediário nas operações de câmbio, ou seja, funciona com contato entre clientes e os bancos autorizados a operar em câmbio.

14.4. TIPOS DE CÂMBIO

14.4.1. Câmbio Fixo

Ancorar a moeda doméstica ao dólar por meio de uma paridade fixa significa ter uma taxa de câmbio que flutua conjuntamente com a moeda ancorada.

Em um sistema de câmbio fixo, o Bacen intervém regularmente para manter a cotação da moeda. Caso haja saída de moeda estrangeira, ele vende a mesma quantidade no mercado de câmbio sendo a recíproca verdadeira.

Características

- Intervenção do Bacen.
- O país tem de ter estoque de moeda estrangeira (reservas internacionais).
- Equilíbrio da balança de pagamentos.

14.4.2. CÂMBIO FLUTUANTE

O câmbio flutuante, também conhecido como câmbio volátil tem como característica não gerar impacto no saldo das reservas. Neste mercado, o Bacen não intervém no mercado e, em regra, qualquer mudança do câmbio não afeta a taxa de juros.

Características

- A taxa de câmbio é determinada pelas forças do mercado.
- A moeda estrangeira não compete com a moeda nacional.
- Agentes estrangeiros compram dólares para pagar importação.
- Bacen não intervém no mercado.
- Desequilíbrio da balança de pagamentos.

14.4.3. *CRAWLING PAG*

Características

- Variante do câmbio fixo ajustável.
- Caracterizado por minidesvalorizações cambiais.
- Em regra utilizado por países com inflação alta.
- Bacen perde autonomia (graus de liberdade).

14.5. MERCADO INTERBANCÁRIO EM MOEDA

Os bancos poderão comprar ou vender moedas estrangeiras para acertarem suas posições de câmbio. O mercado interfinanceiro (interbancário) funciona como um regulador da liquidez do mercado de câmbio. As compras e vendas no mercado Interbancário podem ser para entrega pronta ou futura com prazos múltiplo de 30 até 180 dias.

As instituições financeiras autorizadas a operar com o câmbio junto ao Bacen podem comprar moeda desde que não ultrapassem o limite de risco cambial de 60% do patrimônio líquido.

14.6. MERCADO PARALELO

Podemos dizer que o mercado paralelo é aquele que surge pelo fato de não existir um mercado de câmbio inteiramente livre. As tipologias cambiais não garantem um câmbio livre de fato. Na verdade, temos câmbio semiadministrado.

No Brasil, todos os negócios realizados no mercado paralelo, bem como a posse de moeda estrangeira sem origem justificada, são ilegais e sujeitam o cidadão ou às empresas às penas da lei.

As taxas de câmbio de acordo com o regime de liberdade cambial vigente são livremente pactuadas entre as partes contratantes, ou seja, entre a pessoa física e a instituição autorizada ou entre os agentes autorizados.

14.7. POLÍTICA CAMBIAL

A política cambial está interligada com as políticas fiscal e monetária, sendo esta mais direta; por exemplo, quando o país exporta muito (entrada de moeda estrangeira), este capital é convertido em reais, o que aumenta a base monetária ocorrendo, assim, a intervenção do Bacen com o objetivo de restabelecer os níveis de liquidez e a taxa de juros de equilíbrio.

14.8. COMPONENTES DA TAXA DE CÂMBIO

- Taxa de juros (Interna e Externa).
- Inflação (Interna e Externa).
- Percepção dos riscos dos investidores.
- Fluxo de comércio exterior.
- Fluxo de investimentos financeiros.
- Liquidez do mercado.

A Taxa de Câmbio Real (TCR) pode ser calculada:

TCR = Cotação do câmbio (dólar) x Inflação nos EUA / (Inflação no Brasil)

14.9. ADIANTAMENTO EM CONTRATO DE CÂMBIO

O Adiantamento em Contrato de Câmbio (ACC) consiste na antecipação total ou parcial da moeda nacional, que corresponde à quantia em moeda estrangeira, adquirida a termo desses exportadores.

Os bancos autorizados a operar com câmbio concedem às empresas exportadoras adiantamentos sobre os contratos de câmbio (ACC).

Procedimento

- O banco antecipa reais (parcial ou total) equivalentes à quantia de moeda estrangeira adquirida (pelo banco) a termo dos exportadores.
- A empresa exportadora vende ao banco (antes ou após o embarque dos produtos) a moeda estrangeira.

- É necessária uma linha de crédito externa para ancorar o banco na concessão do adiantamento.

Finalidade

A ACC tem como finalidade financiar o capital de giro na forma de antecipação das empresas exportadoras, de forma que possam produzir, comercializar seus produtos. A ACC se destina às empresas exportadoras e tem como vantagem financiar custos de produção a taxa de mercado externo menores do que a do mercado interno.

Fases do ACC

1ª fase – Financiamento à produção: concedido até 180 dias antes do embarque da mercadoria.

2ª fase – Manutenção do ACC: adiantamento solicitado pela empresa exportadora, pelo prazo de até 180 dias da data de embarque dos produtos.

14.10. QUESTÕES COMENTADAS

1. **(FCC/Banco do Brasil/2006) É agente econômico que demanda divisa estrangeira no mercado de câmbio brasileiro:**
   a) a empresa brasileira que recebe empréstimo do exterior;
   b) o exportador;
   c) a empresa estrangeira que está abrindo filial no Brasil;
   d) o investidor estrangeiro que quer adquirir ações na Bolsa de Valores de São Paulo;
   e) a filial de empresa estrangeira que deseja remeter lucros para a matriz.

Comentário:

Os participantes do mercado cambial, em linhas gerais, são os que ofertam divisas estrangeiras ("vendedores de moeda estrangeira"), os que demandam moeda ("compradores de moeda estrangeira"), corretores, bancos e autoridades monetárias. Os agentes econômicos que ofertam divisas estrangeiras precisam trocá-las por moeda nacional a fim de executarem operações; ofertam divisas os agentes que necessitam de moeda estrangeira, dispondo de moeda nacional para realizar o câmbio.

Ofertam divisas estrangeiras (vendedores):

- exportadores de mercadorias;
- empresas e órgãos do governo que tomam empréstimos no exterior;

- empresas de turismo e navegação;
- investidores estrangeiros em bolsas nacionais;
- turistas que procedem do exterior, entre outros.

Demandam divisas estrangeiras (compradores)

- importadores de mercadorias;
- cidadãos brasileiros que viajam para o exterior;
- investidores estrangeiros em bolsas nacionais;
- devedores de empréstimos externos, entre outros;
- *filiais de empresas estrangeiras que remetem lucros para matrizes no exterior.*

Gabarito: E.

2. (FCC/Banco do Brasil/2006) É uma instituição financeira que está impedida de atuar no mercado de câmbio no Brasil:

a) banco comercial;
b) agência de turismo;
c) sociedade de capitalização;
d) banco de investimentos;
e) banco múltiplo.

Comentário:

Conforme mencionado no capítulo 12, observando o disposto no Decreto-lei nº 73/1966 em seu art. 73: "*As Sociedades Seguradoras não poderão explorar qualquer outro ramo de comércio ou indústria.*"

Gabarito: C.

3. (FCC/Banco do Brasil/2006) A operação de arbitragem de câmbio tem como objetivo:

a) buscar vantagens em função de diferenças de preços nos diversos mercados;
b) uniformizar as diferentes taxas de câmbio entre os diversos países;
c) comprar moeda estrangeira para financiar operações de importação de mercadorias;
d) vender moeda estrangeira para assegurar a liquidez das exportações;
e) comprar moeda no mercado cujo preço está alto e vender a mesma moeda no mercado cujo preço está baixo.

Comentário:

A arbitragem é o procedimento onde se compra moeda no mercado, caso seu preço esteja baixo, e a vende, se seu preço esteja alto, obtendo-se, assim, o lucro desejado por meio da diferença de taxas. Podemos dizer que a arbitragem consiste na compra de determinada quantidade de moeda e na venda de outra moeda estrangeira, de forma que, aplicada a paridade entre elas, temos a sua equivalência. Quando determinada empresa nacional tem uma dívida em moeda de baixa liquidez com uma empresa estrangeira, a empresa devedora contrata um banco para fazer a troca de moedas no mercado local.

Gabarito: A.

4. (FCC/Banco do Brasil/2006) A contratação do câmbio de exportação:

a) deve ser feita obrigatoriamente após o embarque da mercadoria para o exterior;
b) fixa o valor da taxa de câmbio para esse contrato;
c) pode ser feita antes do embarque da mercadoria para o exterior, mas somente de forma parcial;
d) deve ser feita obrigatoriamente antes do embarque da mercadoria para o exterior, de forma a possibilitar ao exportador obter financiamento com base no contrato;
e) equivale a uma compra e venda mercantil efetuada entre o banco e a empresa exportadora.

Comentário:

O fechamento ou contratação do câmbio na exportação é de suma importância, pois será a ocasião em que a moeda estrangeira obtida pelo exportador será trocada por moeda nacional. Neste caso, haverá um *contrato de câmbio*, que vai tratar da troca de divisas, sendo que as operações poderão ser feitas antes ou depois do embarque, dependendo da modalidade de pagamento. Ao ser contratado o câmbio, a taxa de câmbio e o exportador não poderão ser alterados.

Gabarito: B.

14.11. QUESTÕES PROPOSTAS

1. No mercado de câmbio, os adiantamentos sobre os contratos de câmbio (ACC) são modalidade contratual de largo uso. Com relação às características desse contrato, julgue os itens seguintes.

( ) O objetivo desses contratos é proporcionar recursos antecipados ao importador, de sorte a incrementar o comércio internacional.
( ) Os ACC podem ser utilizados como instrumentos de ganho financeiro pelo importador.
( ) O valor adiantado poderá ser averbado no próprio contrato de câmbio, ou por meio de instrumento em separado que se integrará ao contrato.
( ) A primeira fase dos ACC ocorre quando a mercadoria já está pronta e embarcada, aproveitando-se o máximo possível a variação cambial.
( ) Os ACC consistem unicamente na antecipação total dos reais equivalentes à quantia em moeda estrangeira comprada a termo de exportadores pelo banco.

2. Em resumo, as operações de compra e venda de *performance* de exportação ocorrem quando um exportador que:

a) Não tomou um ACC, negocia seu produto com outro exportador que tomou um ACC, mas não tem mercadoria para exportar.
b) Não tomou um ACC, negocia seu produto com outro exportador que também não tomou um ACC, mas tem mercadoria para exportar.
c) Tomou um ACC, negocia seu produto com outro exportador que também tomou um ACC, mas não tem mercadoria para exportar.
d) Tomou um ACC, mas não precisa mais dos recursos, o transfere para outro exportador, assumindo o risco de crédito.
e) Tomou um ACC, mas desistiu de exportar a mercadoria, devolve o dinheiro ao banco.

3. O Bacen conceitua mercado de câmbio como o ambiente abstrato onde se realizam as operações de câmbio entre os agentes autorizados pelo Bacen (bancos, corretoras, distribuidoras, agências de turismo e meios de hospedagem) ou entre estes e seus clientes. Acerca desse tema, julgue os itens abaixo:

( ) No Brasil, todos os negócios realizados no mercado paralelo, bem como posse de moeda estrangeira sem origem justificada, são ilegais e sujeitam o cidadão ou às penas das lei.
( ) As taxas de câmbio são livremente pactuadas entre as partes contratantes, ou seja, entre a pessoa física e a instituição autorizada ou entre os agentes autorizados.
( ) O Bacen executa a política cambial definida pelo Ministério do Planejamento, regulamentando o mercado de câmbio e autorizando as instituições que nele operam. Também compete ao Bacen fiscalizar o referido mercado, podendo punir dirigentes e instituições mediante multas, suspensões e outras sanções previstas em lei.

4. Um banco concede um ACC a um determinado cliente exportador. Dentro dos corretos parâmetros de gestão bancária, qual deveria ser o *funding* desta operação?

a) Linhas de Financiamento Externas.
b) Linhas de Financiamento Internas.
c) Depósito Interfinanceiro — CDI
d) Depósito a Prazo — CDB/RDB.
e) Depósito à vista.

5. Assinale a forma de pagamento de exportação que representa o maior risco do exportador ou a maior demonstração de confiança deste em relação ao importador.

a) Carta de crédito.
b) Pagamento antecipado.
c) Remessa sem saque.
d) Cobrança a vista.
e) Cobrança a prazo.

6. **Julgue os itens abaixo com relação à operação de câmbio.**
   ( ) Os elementos que participam do mercado de câmbio se dividem nos que produzem divisas e recebem divisas.
   ( ) Os que produzem divisas são importadores, devedores de empréstimos e investidores.

7. **(Cesgranrio/Banco do Brasil/2010) O mercado de câmbio envolve a negociação de moedas estrangeiras e as pessoas interessadas em movimentar essas moedas. O câmbio manual é a forma de câmbio que:**
   a) pratica a importação e a exportação por meio de contratos;
   b) pratica a troca de moeda estrangeira por uma mercadoria;
   c) envolve a compra e a venda de moedas estrangeiras em espécie;
   d) envolve a troca de títulos ou documentos representativos da moeda estrangeira;
   e) exerce a função de equilíbrio na balança comercial externa.

Gabarito:

1. E, E, C, E, E
2. A
3. C, C, E
4. C
5. C
6. C, E
7. C

Capítulo 15

Provas de Concursos

15.1. FUNDAMENTOS: SISTEMA FINANCEIRO NACIONAL, CONSELHO MONETÁRIO NACIONAL, BANCO CENTRAL E MOEDA

1. **(Caixa Econômica Federal/2004) As necessidades de conhecimento do Sistema financeiro Nacional é crescente ao longo do tempo, pela importância que exerce na economia e no segmento empresarial de um país. O SFN é composto por um conjunto de instituições financeiras públicas e privadas, e seu órgão normativo máximo é o conselho Monetário Nacional.**
   Assinale a alternativa correta.
   a) O SFN envolve dois grandes subsistemas: de intermediação e financeiro.
   b) O SFN é composto por um conjunto de instituições financeiras e instrumentos financeiros que visam transferir recursos dos agentes superavitários para os deficitários.
   c) O SFN não permita a existência de, conglomerados financeiros
   d) O mercado financeiro pode ser considerado como elemento estático no processo de crescimento econômico, uma vez que permite a elevação das taxas de poupança.
   e) As instituições financeiras podem ser classificadas como bancárias e bancarizadas.

2. **(Caixa Econômica Federal/2004) Associe as afirmativas abaixo com as políticas monetárias e econômicas.**
   I. Executada pelo Bacen de cada país, o qual possui poderes e competência próprios para controlar a quantidade de moeda na economia.
   II. Ações do governo no sentido de controlar e regular a atividade econômica.
   III. São seus instrumentos, o conjunto de ações e medidas à disposição do governo para a regulação da atividade econômica.
   IV. Quatro tipos de instrumento: Política monetária, política fiscal, política cambial e política de rendas.
   V. São seus instrumentos clássicos de controle: recolhimento compulsório, open marketing, redesconto bancário e empréstimo de liquidez.
   VI. Diz-se que é restritiva quando às autoridades monetárias promovem reduções dos meios de pagamento da economia retraindo a demanda agregada (consumo e investimento) e a atividade econômica.

3. **(Banco do Brasil - Cespe - 2008) O Sistema Financeiro Nacional (SFN) é composto por órgãos de regulação, por instituições financeiras e auxiliares, públicas e privadas, que atuam na intermediação de recursos dos agentes econômicos (pessoas, empresas e governo). Com relação ao SFN julgue os itens a seguir.**

   ( ) A área normativa do SFN tem como órgão máximo o Bacen.

   ( ) A área operativa do SFN é formada pelas instituições financeiras públicas e privadas, que atuam no mercado financeiro.

4. **(Cespe-UnB/Banco do Brasil/2008) O Cadastro de Clientes do Sistema Financeiro Nacional (CCS) é um sistema informatizado, centralizado no Bacen, que permite indicar onde os clientes de instituições financeiras mantêm bens, direitos e valores diretamente ou por seus representantes legais e procuradores. Quanto ao CCS, julgue os seguintes itens.**

   ( ) Como o CCS propicia boas condições para a realização de investigação e de ações destinadas a combater a criminalidade, as regras relativas ao sigilo bancário e ao direito à privacidade não incidem em sua implementação e operação.

   ( ) Como decorrência de sua atuação específica, as autoridades policiais têm pleno acesso às informações constantes do CCS.

5. **(Cespe-UnB/Banco do Brasil/2008) O Sistema Financeiro nacional (SFN) é composto de órgãos de regulação, instituições financeiras, instituições auxiliares públicas e privadas, que atuam na intermediação de recursos dos agentes econômicos (pessoas, empresas e governo). Com relação ao SFN, julgue os itens a seguir.**

   ( ) Há dois grandes grupos de entidades do SFN: O subsistema normativo, que trata da regulação e da fiscalização, e o subsistema operativo, que trata da intermediação, do suporte operacional e da administração.

   ( ) O SFN atua na intermediação financeira, processo pelo qual os agentes que estão superavitários, com sobra de dinheiro, transferem esses recursos para aqueles que estejam deficitários, com falta de dinheiro.

   ( ) O BNDES é uma das principais entidades supervisoras do SFN.

6. **(Vunesp/Caixa Econômica Federal/2005) A determinação dos percentuais de recolhimento compulsório sobre os recursos à vista é atribuição:**

   a) do Banco do Brasil;
   b) do Bacen;
   c) da Casa da Moeda;
   d) da CVM;
   e) das caixas econômicas.

7. **(Banco do Brasil/2008) O Conselho Monetário Nacional, instituído pela Lei nº 4.595/1964, é um órgão normativo, responsável pelas políticas e diretrizes monetárias para a economia do país. Acerca do CMN, julgue os itens subsequentes.**

( ) Entre as funções do CMN, estão a de adaptar o volume dos meios de pagamento às reais necessidades da economia e a de regular o valor interno da moeda e o equilíbrio do balanço de pagamentos.
( ) O SFN tem como órgão executivo central o Bacen, que estabelece normas a serem observadas pelo CMN.

8. (Banco do Brasil/2008) O Bacen, criado pela Lei nº 4.595/1964, é uma autarquia federal vinculada ao Ministério da fazenda e tem atuação em todo o território nacional. No que se refere ao Bacen, julgue os itens subsequentes:
( ) entre as atribuições do Bacen, estão a de realizar as operações de redesconto e empréstimo às instituições financeiras e de regular a execução dos serviços de compensação de cheques e outros papéis.
( ) O Bacen tem sua sede no RJ e conta com representações em Brasília, capital do país, e nas capitais dos estados do Rio Grande do Sul, do Paraná, de São Paulo, de Minas Gerais, da Bahia, de Pernambuco, do Ceará e do Pará.

9. (FCC/Banco do Brasil/2006) Com relação à atuação do Banco Central do Brasil, é correto afirmar que ele:
a) pode realizar operações de redesconto para instituições financeiras;
b) não pode comprar ou vender títulos públicos federais;
c) pode limitar as taxas de juros;
d) pode determinar o capital mínimo das companhias abertas, no mercado de capitais;
e) fiscaliza as companhias de seguro.

10. (FCC/Banco do Brasil/2006) Uma forma de buscar a segurança do sistema financeiro se dá com a fixação do capital mínimo das instituições financeiras, cuja competência é do:
a) Ministro da Fazenda.
b) Presidente da República.
c) Conselho Monetário Nacional.
d) Banco Central do Brasil.
e) Conselho de Recursos do Sistema Financeiro Nacional.

Gabarito:

1. B
2. política econômica (II, III e IV); política monetária (I, V e VI)
3. C, C
4. E, E
5. C, C, E
6. B
7. C, E
8. C, E
9. A
10. C

15.2. DINÂMICA DO MERCADO

1. **(FCC/Banco do Brasil/2006) Um cliente tem interesse em aplicar recursos por 30 dias em CDB e quer que a sua rentabilidade acompanhe a evolução diária da taxa de juros. Nesse caso, o indexador mais indicado para a operação é:**
   a) a TBF;
   b) uma taxa prefixada;
   c) o IGP-M;
   d) o CDI;
   e) o IPCA.

2. **(FCC/Banco do Brasil/2010) Os depósitos a prazo feitos pelo cliente em bancos comerciais e representados por RDB:**
   a) são títulos de crédito;
   b) são recibos inegociáveis e intransferíveis;
   c) contam com garantia do Fundo Garantidor de Crédito – FGC até R$ 20.000,00;
   d) são aplicações financeiras isentas de risco de crédito;
   e) oferecem liquidez diária após carência de 30 dias.

3. **(FCC/Banco do Brasil/2006) NÃO contém apenas créditos cobertos pela garantia do FGC:**
   a) depósitos de poupança, letras hipotecárias e letras de crédito imobiliário;
   b) letras de câmbio, letras hipotecárias e letras imobiliárias;
   c) depósitos em conta investimento, depósitos de poupança e letras hipotecárias;
   d) depósitos à vista, letras de câmbio e depósitos em conta investimento;
   e) depósitos à vista, depósitos judiciais e depósitos de poupança.

4. **(FCC/Banco do Brasil/2010) A Lei nº 9.613/1998, que dispõe sobre os crimes de lavagem ou ocultação de bens, direitos e valores, determina que:**
   a) os crimes são afiançáveis e permitem liberdade provisória;
   b) a simples ocultação de valores é suficiente para cumprir exigência punitiva;
   c) o agente pode ser punido, ainda que a posse ou o uso dos bens não lhe tenha trazido nenhum proveito;
   d) a obtenção de proveito específico é exigida para caracterizar o crime;
   e) é facultado à instituição financeira fornecer talonário de cheque ao depositante enquanto são verificadas as informações constantes da ficha proposta.

5. **(FCC/Banco do Brasil/2006) A Lar Doce Lar é uma empresa muito bem conceituada na produção e venda de móveis para cozinhas. Recentemente, ela recebeu uma grande encomenda, mas está enfrentando dificuldades de caixa e seu administrador financeiro considera que as taxas de juros cobradas pelas instituições financeiras estão extremamente elevadas. Uma alternativa para a solução desse problema pode ser a captação de recursos de terceiros por meio da emissão de:**
   a) CDI.
   b) CDB.

c) *Commercial Papers.*
d) Letras de Crédito Imobiliário.
e) Letras Hipotecárias.

6. (FCC/Banco do Brasil/2006) É correto afirmar:

a) Os fundos de investimento devem contabilizar mensalmente todos os ativos integrantes de suas carteiras pelos seus preços médios ao longo do mês.
b) Fundos abertos são aqueles com prazo determinado de duração, cujos valores investidos não podem ser resgatados.
c) O recolhimento do Imposto de Renda, nos fundos de investimento, ocorre sempre no momento do resgate.
d) O valor diário da cota de um fundo é obtido dividindo o seu patrimônio líquido pelo número de cotas emitidas, ambos calculados no mesmo momento de tempo.
e) Sobre os rendimentos obtidos nos fundos de investimento há incidência de IR à alíquota de 25%.

7. (FCC/Banco do Brasil/2006) Em caso de insolvência ("quebra") de uma instituição financeira, o valor máximo garantido pelo FGC sobre os saldos mantidos pelos clientes em suas contas-correntes é de:

a) R$ 50 mil;
b) R$ 40 mil;
c) R$ 30 mil;
d) R$ 20 mil;
e) R$ 10 mil.

Gabarito:

1. D
2. B
3. E
4. C
5. C
6. D
7. D

15.3. OS MERCADOS E A POLÍTICA MONETÁRIA

1. (FCC/Banco do Brasil/2010) O Comitê de Política Monetária – Copom tem como objetivo:

a) Reunir periodicamente os ministros da Fazenda e do Planejamento, Orçamento e Gestão e o presidente do Banco Central do Brasil.
b) Coletar as projeções das instituições financeiras para a taxa de inflação.
c) Divulgar mensalmente as taxas de juros de curto e longo prazos praticadas no mercado financeiro.

d) Promover debates acerca da política monetária até que se alcance consenso sobre a taxa de juros de curto prazo a ser divulgada em ata.
e) Implementar a política monetária e definir a meta da Taxa Selic e seu eventual viés.

2. (Cespe-UnB/Banco do Brasil/2009) O Comitê de Política Monetária (Copom) do Bacen foi instituído em 1996, com os objetivos de estabelecer as diretrizes da política monetária e de definir a taxa de juros. A criação desse comitê buscou proporcionar maior transparência e ritual adequado ao processo decisório do Bacen. Acerca do Copom, julgue os próximos itens.

( ) O Copom, constituído no âmbito do Bacen, tem como objetivo implementar as políticas econômica e tributária do governo federal.

( ) Desde a adoção da sistemática de metas para a inflação como diretriz de política monetária, as decisões do Copom visam cumprir as metas para a inflação definidas pelo CMN. Se as metas não forem atingidas, cabe ao presidente do Bacen divulgar, em carta aberta ao ministro da Fazenda, os motivos do descumprimento, as providências e o prazo para o retorno da taxa de inflação aos limites estabelecidos.

Gabarito:

1. E
2. E, C

15.4. SISTEMA BANCÁRIO

1. (FCC/Banco do Brasil/2006) Sobre cartões de crédito, analise:

I. Permitem compatibilizar as necessidades de consumo dos titulares às suas disponibilidades de caixa, na medida em que a data de vencimento da fatura coincida com o crédito dos seus salários.

II. Oferecem aos titulares a possibilidade de parcelar o pagamento de suas compras, concedendo-lhes um limite de crédito rotativo.

III. Podem proporcionar benefícios adicionais aos titulares, na medida em que realizem parcerias com empresas reconhecidas no mercado (cartões *cobranded*).

É correto o que consta em:

a) I, apenas;
b) II, apenas;
c) III, apenas;
d) II e III, apenas;
e) I, II e III.

2. (FCC/Banco do Brasil/2006) Analise:

Em uma operação de cobrança, o ___I___ registra os títulos no ___II___, que por sua vez encarrega-se de receber o pagamento do ___III___ conforme as condições combinadas.

Preenchem correta e respectivamente as lacunas I, II e III acima:

	I	II	III
a)	sacado	cedente	titular
b)	cedente	banco	sacado
c)	titular	sacado	banco
d)	emissor	banco	titular
e)	sacado	banco	beneficiário

3. **(FCC/Banco do Brasil/2006) Dentre as modalidades de investimento abaixo, aquela que permite a dedução dos valores investidos na Declaração de Ajuste Anual do Imposto de Renda, até o limite de 12% da renda bruta do contribuinte, é:**
   a) o CDB;
   b) o VGBL;
   c) o Fundo de Investimento Referenciado DI;
   d) a Caderneta de Poupança;
   e) o PGBL.

4. **(FCC/Banco do Brasil/2006) No caso de investimentos feitos por pessoas físicas em cadernetas de poupança é correto afirmar que seus rendimentos são creditados:**
   a) trimestralmente, conforme a data de aniversário da aplicação, e são isentos de tributação;
   b) a cada 30 dias, estando sujeitos ao recolhimento de Imposto de Renda à alíquota de 20%;
   c) mensalmente, conforme a data de aniversário da aplicação, e são isentos de tributação;
   d) mensalmente, conforme a data de aniversário da aplicação, estando sujeitos ao recolhimento de Imposto de Renda à alíquota de 20%;
   e) trimestralmente, conforme a data de aniversário da aplicação, estando sujeitos ao recolhimento de Imposto de Renda à alíquota de 20%.

5. **(FCC/Banco do Brasil/2006) Uma pessoa gosta de participar de sorteios, mas ao mesmo tempo sente a necessidade de começar a economizar um pouco de dinheiro, uma vez que dentro de alguns anos pretende aposentar-se. Dentre as opções abaixo, o produto que melhor atende às necessidades e expectativas dessa pessoa é:**
   a) o CDB;
   b) a Caderneta de Poupança;
   c) o Fundo de Renda Fixa;
   d) o Título de Capitalização;
   e) a Letra Hipotecária.

6. **(FCC/Banco do Brasil/2006) No que diz respeito à nota promissória, é correto afirmar que:**
   a) a prestação do aval não pode ser dada na própria nota promissória;
   b) o avalista será responsável pelo pagamento somente em caso de falecimento do emitente;

c) pessoas físicas casadas em regime de comunhão de bens só poderão dar aval com autorização de seu cônjuge;
d) o avalista poderá ser chamado a cumprir as obrigações da nota promissória antes de seu vencimento;
e) não pode ser garantida somente por aval, sendo necessárias outras garantias complementares.

7. **(FCC/Banco do Brasil/2006) Uma determinada dívida é garantida por três fiadores. Caso ela não seja paga, cada fiador ficará responsável pelo pagamento:**
a) da dívida, na proporção de sua renda mensal em relação ao total da renda mensal de todos os fiadores;
b) de 1/3 da dívida, independentemente do que dispuser o contrato de fiança;
c) do total da dívida, independentemente do que dispuser o contrato de fiança;
d) da dívida, na proporção que estiver fixada no contrato de fiança;
e) da dívida, na proporção de seu patrimônio em relação ao total do patrimônio de todos os fiadores.

8. **(FCC/Banco do Brasil/2006) O proprietário do restaurante Kilu's Cazeiro M.E. pretende oferecer mais conforto aos seus clientes com a instalação de um aparelho de ar condicionado. Para tanto, dirigiu-se a um banco e solicitou um financiamento em nome de sua empresa. O gerente do banco condicionou a concessão do financiamento à assinatura de um contrato, em que o restaurante transferiria a posse de seu mobiliário para o banco, tornando-se depositário dos bens dados em garantia do financiamento. Essa condição de depositário seria revertida após a quitação do financiamento, ou o banco teria a posse definitiva dos bens empenhados no caso de inadimplência. Nesta operação, a garantia exigida pelo banco para conceder o financiamento é denominada:**
a) aval;
b) penhor mercantil;
c) fiança;
d) hipoteca;
e) caução.

9. **(FCC/Banco do Brasil/2006) Em relação à alienação fiduciária, é correto afirmar que:**
a) o devedor não pode utilizar o bem dado em garantia às suas expensas e risco, sendo, ainda, obrigado a zelar por sua conservação;
b) a propriedade do bem dado em garantia é transferida ao devedor, preservando-se a posse com o credor;
c) o contrato conterá a descrição da coisa objeto da transferência, com os elementos indispensáveis à sua identificação;
d) a dívida será considerada quitada, mesmo que o produto da venda do bem dado em garantia seja inferior ao valor emprestado;
e) deve ser celebrada por instrumento público ou particular a ser registrado no Cartório de Títulos e Documentos do domicílio do credor.

10. (FCC/Banco do Brasil/2006) Analise o texto que o professor João escreveu: Um imóvel pode ser hipotecado para garantir uma dívida futura ou condicionada, desde que determinado o valor máximo do crédito a ser garantido. Essa hipoteca abrangerá todos os melhoramentos e construções realizadas no imóvel. O dono do imóvel hipotecado pode ainda constituir outra hipoteca sobre ele, mediante novo título, em favor do mesmo ou de outro credor. É vedado ao proprietário, no entanto, alienar o imóvel hipotecado. O texto de João está incorreto porque:

a) é nula a cláusula que proíbe ao proprietário alienar imóvel hipotecado;
b) imóveis não podem ser hipotecados para garantir dívidas futuras;
c) a hipoteca não abrange melhoramentos e construções feitas no imóvel;
d) imóveis hipotecados não podem ser objeto de outra hipoteca;
e) se um imóvel for objeto de uma segunda hipoteca, esta não poderá ser em favor do mesmo credor.

11. (FCC/Banco do Brasil/2010) A fiança bancária é uma obrigação escrita prestada à empresa que necessita de garantia para contratação de operação que envolva responsabilidade na sua execução e:

a) comprova que os recursos financeiros necessários estão depositados pela empresa na instituição financeira fiadora;
b) pode ser concedida somente em operações relacionadas ao comércio internacional;
c) substitui total ou parcialmente os adiantamentos em dinheiro ao credor por parte da empresa;
d) está sujeita à incidência de Imposto sobre Operações Financeiras – IOF;
e) não apresenta risco de crédito para a instituição financeira.

12. (FCC/Banco do Brasil/2006) Com relação à Caderneta de Poupança, é correto afirmar:

a) Não há incidência de Imposto de Renda na Fonte sobre os rendimentos auferidos por investidores Pessoa Física.
b) Os recursos passam a render a partir do dia 1º do mês seguinte à data do depósito.
c) Os rendimentos são creditados a cada 30 dias.
d) Trata-se de um investimento garantido em sua totalidade pelo governo.
e) Trata-se de um investimento disponível apenas para pessoas físicas.

13. (FCC/Banco do Brasil/2006) No que diz respeito ao *Hot Money* e ao Cheque Especial, é correto afirmar:

a) Ambos são tipos de empréstimo, destinados tanto a pessoas físicas quanto a pessoas jurídicas.
b) Ambos são tipos de empréstimo, sendo o primeiro destinado a pessoas jurídicas e o segundo a pessoas físicas.
c) O primeiro é um tipo de investimento destinado a pessoas jurídicas, e o segundo é um tipo de empréstimo destinado a pessoas físicas e jurídicas.
d) Ambos são tipos de empréstimo, sendo o primeiro destinado a pessoas jurídicas e o segundo destinado tanto a pessoas físicas quanto jurídicas.
e) O primeiro é um tipo de investimento destinado tanto a pessoas físicas quanto jurídicas, e o segundo um tipo de empréstimo destinado somente a pessoas físicas.

14. **(FCC/Banco do Brasil/2006) É correto afirmar:**
   a) Em uma operação de cobrança bancária, o sacado é o vendedor da mercadoria ou prestador do serviço;
   b) Os valores resultantes de uma operação de cobrança bancária são creditados na conta do sacado no dia do pagamento;
   c) Por integrarem o sistema de compensação, os títulos colocados em cobrança bancária podem ser pagos em qualquer agência bancária até a data do seu vencimento;
   d) Para ser colocado em cobrança bancária um título deve ter o aceite do sacado;
   e) A cobrança bancária é um serviço que deve ser prestado gratuitamente pelos bancos.

15. **(FCC/Banco do Brasil/2006) Um investidor que, no dia 1º de março de 2006, tenha feito uma aplicação em CDB pós-fixado, com vencimento em 180 dias, terá seus rendimentos sujeitos à alíquota de Imposto de Renda de:**
   a) 22,5%;
   b) 20,0%;
   c) 17,5%;
   d) 15,0%;
   e) 10,0%.

16. **(FCC/Banco do Brasil/2006) Quatro irmãos são proprietários de uma fazenda avaliada em R$ 400 000,00, nas seguintes proporções:**
   - **Álvaro 25%;**
   - **Benedito 10%;**
   - **Carlos 35%; e**
   - **Daniel 30%.**

   Caso seja necessário, o "valor máximo" pelo qual poderá ser hipotecada a fazenda será de:
   a) R$ 40 000,00, caso Benedito, Carlos e Daniel não dêem seu consentimento para hipotecar o imóvel;
   b) R$ 100 000,00, caso Álvaro, Carlos e Daniel não dêem seu consentimento para hipotecar o imóvel;
   c) R$ 400 000,00, caso todos os irmãos concordem em hipotecar o imóvel;
   d) R$ 200 000,00, caso Álvaro e Daniel não dêem seu consentimento para hipotecar o imóvel;
   e) R$ 180 000,00, caso Álvaro, Benedito e Carlos não dêem seu consentimento para hipotecar o imóvel.

17. **(FCC/Banco do Brasil/2006) Na alienação fiduciária, o __I__ tem a __II__ de um bem móvel, podendo utilizá-lo às suas expensas e risco, na qualidade de depositário.**

   Preenchem correta e respectivamente as lacunas I e II acima:

	I	II
a)	credor	posse
b)	mutuário	propriedade
c)	credor	propriedade
d)	devedor	propriedade
e)	devedor	posse

18. (FCC/Banco do Brasil/2006) É correto afirmar que:

a) o devedor, no penhor mercantil, pode alienar as coisas empenhadas, mesmo sem autorização do credor, desde que reponha outros bens da mesma natureza;

b) o instrumento de constituição do penhor mercantil, público ou particular, deve ser registrado no Cartório de Registro de Imóveis da circunscrição onde estiverem situadas as coisas empenhadas;

c) o devedor, no penhor mercantil, tem o direito de inspecionar as coisas empenhadas, uma vez que elas se encontram de posse do credor;

d) o penhor mercantil só pode ser constituído por meio de instrumento público, sendo necessárias duas pessoas idôneas como testemunhas;

e) extingue-se o penhor mercantil com o pagamento da divida, produzindo efeitos independentemente da averbação do cancelamento de seu registro.

19. (FCC/Banco do Brasil/2006) O Sr. Fulano de Tal é fanático por futebol e decidiu comprar um televisor novo para assistir à Copa do Mundo da Alemanha. Para tanto foi a um banco e pediu um empréstimo de R$ 500,00. Para conceder o empréstimo, o gerente do banco exigiu que o Sr. Fulano apresentasse uma pessoa idônea, que assinaria um contrato responsabilizando-se pelo pagamento da dívida, caso ele se tornasse inadimplente. A modalidade de garantia exigida nessa transação é denominada:

a) caução;

b) aval;

c) penhor mercantil;

d) alienação fiduciária;

e) fiança.

20. (FCC/Banco do Brasil/2006) É correto afirmar:

a) O aval a um título de crédito deve ser prestado através de documento específico para essa finalidade.

b) Um cheque pode ter aval parcial, desde que este garanta no mínimo 50% do seu valor.

c) A prestação de aval requer a entrega da posse de bens móveis do avalista, em valor correspondente ao da obrigação garantida.

d) Se o avalista pagar um título em lugar do avalizado, poderá exigir deste último o ressarcimento dos valores pagos.

e) Do ponto de vista formal, não há diferenças entre aval, fiança, caução, hipoteca e alienação fiduciária como instrumentos de garantia de operações de crédito.

Gabarito:

1. E
2. B
3. E
4. C
5. D
6. C
7. D
8. B
9. C
10. A
11. C
12. A
13. B
14. C
15. A
16. C
17. E
18. B
19. E
20. D

15.5. INSTITUIÇÕES FINANCEIRAS

1. (FCC/Banco do Brasil/2010) Compete à Comissão de Valores Mobiliários – CVM disciplinar as seguintes matérias:

I. registro de companhias abertas;
II. execução da política monetária;
III. registro e fiscalização de fundos de investimento;
IV. registro de distribuições de valores mobiliários;
V. custódia de títulos públicos.

Está correto o que se afirma apenas em:

a) I, II e III;
b) I, II e IV;
c) I, III e IV;
d) II, III e V;
e) III, IV e V.

2. (FCC/Banco do Brasil/2010) De acordo com as normas do Conselho Monetário Nacional – CMN, os bancos múltiplos devem ser constituídos com, no mínimo, duas carteiras, sendo uma delas obrigatoriamente de:

a) investimento;
b) crédito, financiamento e investimento;
c) crédito imobiliário;
d) câmbio;
e) arrendamento mercantil.

3. **(FCC/Banco do Brasil/2010) O Banco Nacional de Desenvolvimento Econômico e Social - BNDES tem dentre seus objetivos o de:**
a) promover o desenvolvimento integrado das atividades agrícolas, industriais e de serviços;
b) controlar o fluxo de capitais estrangeiros, garantindo o correto funcionamento do mercado cambial;
c) promover o crescimento e a diversificação das importações;
d) adquirir e financiar estoques de produção exportável;
e) executar, por conta do Banco Central, a compensação de cheques e outros papéis.

4. **(FCC/Banco do Brasil/2006) São instituições que podem captar depósitos a prazo junto ao público:**
a) sociedades de arrendamento mercantil;
b) sociedades de crédito, financiamento e investimento;
c) sociedades de crédito imobiliário;
d) sociedades corretoras de títulos e valores mobiliários;
e) bancos de investimento.

5. **(FCC/Banco do Brasil/2006) A Comissão de Valores Mobiliários procura atuar de várias formas para atingir seus objetivos, enquanto reguladora do mercado de capitais. Uma dessas formas de atuação se dá com:**
a) o julgamento de valor quanto às informações divulgadas pelas companhias no mercado de seguros;
b) a fiscalização de todas as operações realizadas pelos bancos comerciais;
c) a autorização para funcionamento dos bancos de investimento;
d) a indução de comportamento, auto-regulação e autodisciplina;
e) a transferência, para o Banco Central, da fiscalização sobre as empresas e os investidores que participam do mercado de capitais.

6. **(Cespe-UnB/Banco do Brasil/2009) O Sistema Financeiro Nacional (SFN) é composto por órgãos de regulação, por instituições financeiras, e auxiliares, públicas e privadas, que atuam na intermediação de recursos dos agentes econômicos (pessoas, empresas, governo). Com relação ao SFN, julgue os itens que se seguem.**
( ) São consideradas instituições financeiras as pessoas jurídicas, públicas ou privadas, que tenham como atividade principal ou acessória a coleta, a intermediação ou a aplicação de recursos financeiros próprios ou de terceiros, em moeda nacional ou estrangeira, e a custódia de valor de propriedade de terceiros.

( ) A área normativa do SFN tem como órgão máximo o Banco Central do Brasil (Bacen).
( ) O Banco Nacional de Desenvolvimento Econômico e Social é uma das principais entidades supervisoras do SFN.
( ) O SFN atua na intermediação financeira, ou seja, no processo pelo qual os agentes que estão superavitários, com sobra de dinheiro, transferem esses recursos para aqueles que estejam deficitários, com falta de dinheiro.

Gabarito:

1. C
2. A
3. A
4. E
5. D
6. C, E, E, C

15.6. *FACTORING*

1. (FCC/Banco do Brasil/2006) É correto afirmar:

a) Não há incidência de impostos sobre a comissão cobrada pelas empresas de *factoring*.
b) Tanto nas operações de desconto financeiro como nas de *factoring* existe o direito de regresso em relação ao cedente quando ocorre inadimplência do sacado.
c) Enquanto nas operações de *factoring* existe direito de regresso em relação ao cedente quando ocorre a inadimplência do sacado, no desconto financeiro não há esse direito.
d) Enquanto nas operações de desconto financeiro existe o direito de regresso em relação ao cedente quando ocorre a inadimplência do sacado, no *factoring* não há esse direito.
e) A empresa de *factoring* é remunerada pela cobrança da taxa Selic acrescida de um prêmio de risco sobre o valor dos títulos por ela descontados.

Gabarito:

1. D

15.7. *LEASING*

1. (FCC/Banco do Brasil/2010) O arrendamento mercantil *(leasing)* é uma operação com características legais próprias, como:

a) cessão do uso de um bem, por determinado prazo, mediante condições contratadas entre arrendador e arrendatário;
b) prazo mínimo de arrendamento de três anos para bens com vida útil de até cinco anos;

c) aquisição obrigatória do bem pelo arrendatário ao final do prazo do contrato;
d) destinação exclusivamente à pessoa jurídica;
e) cobrança de Imposto sobre Operações Financeiras – IOF.

2. (FCC/Banco do Brasil/2006) A empresa XYZW firmou um contrato de *leasing* financeiro de uma máquina. Caso queira adquirir essa máquina ao término do contrato, deverá pagar à empresa de *leasing*:

a) o Valor de Mercado da máquina deduzido das contraprestações desembolsadas no período do contrato;
b) o Valor da Depreciação acumulada do bem;
c) 10% da soma das contraprestações desembolsadas no período do contrato;
d) o Valor de Mercado da máquina;
e) o Valor Residual Garantido.

3. (Cespe-UnB/Banco do Brasil/2009) Arrendamento mercantil ou *leasing* é uma operação em que o proprietário de um bem cede a terceiro o uso desse bem por prazo determinado, recebendo em troca uma contraprestação. No que concerne ao *leasing*, julgue os itens seguintes.

( ) A constituição e o funcionamento das pessoas jurídicas que tenham como objeto principal de sua atividade a prática de operações de arrendamento mercantil, denominadas sociedades de arrendamento mercantil, dependem de autorização da CVM.

( ) As sociedades de arrendamento mercantil são constituídas sob a forma de sociedade por cotas limitadas, devendo constar obrigatoriamente na sua denominação social a palavra *leasing*.

Gabarito:

1. A
2. E
3. E, E

15.8. SEGUROS PRIVADOS E CAPITALIZAÇÃO

1. (FCC/Banco do Brasil/2006) Os corretores de seguros:

a) têm de responder civilmente pelos prejuízos que causarem por omissão, imperícia ou negligência no exercício da profissão;
b) devem habilitar seu registro perante a Fundação Nacional de Seguros-Funenseg por meio de prova de capacitação promovida pela Superintendência de Seguros Privados-Susep;
c) recebem comissão sobre seus serviços, cuja percentagem independe do ramo do seguro e da companhia seguradora;
d) são profissionais de vendas vinculados às companhias seguradoras para comercializar exclusivamente os produtos da empresa contratante;
e) são simples intermediários entre as seguradoras e os segurados, não sendo sua responsabilidade esclarecer dúvidas sobre carências, coberturas ou validade do contrato.

2. (FCC/Banco do Brasil/2010) As entidades fechadas de previdência complementar, também conhecidas como fundos de pensão, são organizadas sob a forma de:

a) fundos PGBL – Plano Gerador de Benefício Livre;
b) fundos VGBL – Vida Gerador de Benefício Livre;
c) empresas vinculadas ao Ministério da Fazenda e fiscalizadas pela Susep – Superintendência de Seguros Privados;
d) planos que devem ser oferecidos a todos os colaboradores e que também podem ser adquiridos por pessoas que não tenham vínculo empregatício com a empresa patrocinadora;
e) fundação ou sociedade civil, sem fins lucrativos e acessíveis, exclusivamente, aos empregados de uma empresa ou grupo de empresas.

3. (FCC/Banco do Brasil/2010) Sobre o mercado de seguros no Brasil, considere:

I. O Instituto de Resseguros do Brasil (hoje IRB-Brasil Re) tem seu capital controlado integralmente pela União.
II. A Lei Complementar nº 126/2007 abriu o mercado brasileiro de resseguros e possibilitou a instalação e funcionamento de outras companhias no setor.
III. A Superintendência de Seguros Privados – Susep é responsável pelo controle e fiscalização dos mercados de seguro, previdência privada aberta, capitalização e resseguro.
IV. As seguradoras são organizadas sob a forma de sociedades anônimas, não estando sujeitas à falência nem podendo impetrar concordata, embora possam ser liquidadas, voluntária ou compulsoriamente.
V. O seguro garantia é destinado exclusivamente aos órgãos públicos da administração direta e indireta federais, estaduais e municipais.

São características do mercado de seguros no Brasil o que se afirma apenas em:

a) I, II e III;
b) I, II e IV;
c) I, III, IV e V;
d) II, III e IV;
e) II, IV e V.

4. (FCC/Banco do Brasil/2006) Os corretores de seguros:

a) devem ser obrigatoriamente cidadãos brasileiros, sendo vedada a profissão a estrangeiros, mesmo que residam permanentemente no Brasil;
b) podem aceitar ou exercer emprego em pessoa jurídica de direito público;
c) responderão civil e criminalmente perante os segurados e as sociedades seguradoras pelos prejuízos que causarem, por omissão, imperícia ou negligência no exercício da profissão;
d) podem ser sócios, administradores, procuradores, despachantes ou empregados de empresa de seguros;
e) recebem comissão, mesmo quando a sociedade seguradora vende diretamente o seguro ao consumidor final.

5. **(FCC/Banco do Brasil/2006) Na liquidação extrajudicial de entidade aberta de previdência privada:**
   a) o liquidante está impedido de exigir dos ex-administradores da entidade que prestem informações sobre quaisquer dos créditos declarados;
   b) os bens da massa liquidanda serão vendidos em leilão público, na forma da legislação aplicável;
   c) os participantes dos planos de benefícios não poderão ter privilégio especial sobre os bens garantidores das reservas técnicas;
   d) haverá fluência de juros, mesmo que não estipulados, contra a massa liquidanda, enquanto não integralmente pago o passivo;
   e) nenhum interessado poderá impugnar a legitimidade, valor ou a classificação dos créditos constantes do quadro geral de credores.

6. **(FCC/Banco do Brasil/2006) As sociedades de capitalização:**
   a) estão impedidas de emitir títulos de capitalização que contemplem o pagamento de um plano de seguro de vida ou de pecúlio para os seus subscritores;
   b) poderão apropriar-se da provisão matemática dos títulos suspensos ou caducos por inadimplência dos pagamentos, desde que autorizada pela Superintendência de Seguros Privados-Susep;
   c) devem remunerar os títulos de sua emissão com os mesmos percentuais da caderneta de poupança;
   d) estão obrigadas a informar o critério matemático utilizado para o estabelecimento do percentual dos pagamentos referente aos sorteios;
   e) estão dispensadas de notificar os detentores dos títulos de capitalização contemplados em sorteio.

7. **(FCC/Banco do Brasil/2006) Em relação às sociedades seguradoras, é correto afirmar que:**
   a) ficam limitadas a 50% (cinquenta por cento) do capital realizado as despesas de organização e instalação desse tipo de sociedade, sendo necessária, para despesas de maior valor, a autorização do Conselho Nacional de Seguros Privados-CNSP;
   b) estão autorizadas a operar em quaisquer tipos de seguros sem necessidade de aprovação prévia pela Superintendência de Seguros Privados-Susep;
   c) não constitui crime contra a economia popular a ação ou omissão, pessoal ou coletiva, de que decorra a insuficiência das reservas e de sua cobertura, vinculadas à garantia de suas obrigações;
   d) podem reter responsabilidades cujo valor ultrapasse os limites técnicos fixados pelo IRB Brasil Resseguros S/A.;
   e) seu patrimônio líquido não poderá ser inferior ao valor do passivo não operacional, entendido este como o valor total das obrigações da sociedade para com terceiros.

8. **(FCC/Banco do Brasil/2006) É de competência privativa do Conselho Nacional de Seguros Privados:**
   a) fixar as características gerais dos contratos de seguros;
   b) autorizar a movimentação e liberação dos bens e valores obrigatoriamente inscritos em garantia do capital, das reservas técnicas e dos fundos;

c) efetuar a liquidação das sociedades seguradoras que tiverem cassada a autorização para funcionar no país;
d) proceder à habilitação e ao registro dos corretores de seguros, fiscalizar suas atividades e aplicar as penalidades cabíveis;
e) propor diretrizes de política monetária e cambial para apreciação do Conselho Monetário Nacional.

9. (FCC/Banco do Brasil/2006) Os resgates de recursos investidos em ...... podem sofrer a incidência de Imposto de Renda segundo a Tabela Progressiva para Pessoas Físicas ou de acordo com alíquotas regressivas, conforme o prazo da aplicação. Preenche corretamente a lacuna acima:
a) CDB;
b) PGBL;
c) Fundos de Investimento;
d) Ações;
e) Caderneta de Poupança.

10. (FCC/Banco do Brasil/2006) O ____I____ , em uma apólice de seguro, normalmente corresponde a uma parcela do valor do bem segurado e garante o recebimento de uma indenização que permita a reposição integral desse bem, em caso de ____II____.
Preenchem correta e respectivamente as lacunas I e II acima:
a) prêmio; sinistro;
b) sinistro; prêmio;
c) risco; prêmio;
d) sinistro; risco;
e) prêmio; risco.

Gabarito:

1. A
2. E
3. D
4. C
5. B
6. D
7. E
8. A
9. B
10. A

15.9. TÍTULOS PÚBLICOS

1. **(FCC/Banco do Brasil/2010) A Cetip S.A. tem por finalidade:**
   a) garantir a liquidação financeira de transações de títulos privados entre instituições bancárias no Mercado de Balcão;
   b) operar como substituta no caso de interrupção das operações diárias do Sistema de Pagamentos Brasileiro – SPB;
   c) atuar internacionalmente, em tempo real, tendo como participantes bancos, corretoras, distribuidoras, fundos de investimento, seguradoras e fundos de pensão;
   d) assegurar que as operações somente sejam finalizadas caso os títulos estejam efetivamente disponíveis na posição do vendedor e os recursos relativos a seu pagamento disponibilizados integralmente pelo comprador;
   e) dispensar a supervisão e normatização da Comissão de Valores Mobiliários para os casos de administração de carteiras e custódia de valores mobiliários.

2. **(FCC/Banco do Brasil/2006) A Câmara de Custódia e Liquidação – Cetip tornou-se uma entidade de importância para a realização de operações financeiras no âmbito do sistema financeiro nacional. A respeito da Cetip é correto afirmar que:**
   a) constitui uma empresa pública com fins lucrativos;
   b) registra operações com cédulas de produto rural – CPR;
   c) liquida operações realizadas no mercado secundário de ações, no âmbito da Bolsa de Valores de São Paulo;
   d) é subordinada exclusivamente à Superintendência de Seguros Privados – Susep;
   e) não registra operações liquidadas com o uso do Sistema de Transferência de Reservas do Banco Central – STR.

3. **(FCC/Banco do Brasil/2006) O Sistema Especial de Liquidação e de Custódia – Selic –, desde sua criação, tem importância estratégica para o mercado financeiro e para o governo. Como uma de suas principais características, é correto afirmar que ele:**
   a) liquida todas suas operações no dia seguinte ao da negociação;
   b) realiza a compensação de cheques para o sistema financeiro;
   c) registra os depósitos interfinanceiros – DI que são objeto de contratos futuros na BM&F;
   d) é administrado pela Federação Brasileira de Bancos – Febraban;
   e) registra as negociações com títulos públicos federais.

Gabarito:

1. D
2. B
3. E

15.10. MERCADO DE CAPITAIS

1. **(Cesgranrio/Banco do Brasil/2010) As Companhias ou Sociedades Anônimas podem ser classificadas como abertas ou fechadas. São classificadas como abertas quando:**
   a) seu passivo está atrelado a opções de mercado futuro;
   b) seus principais ativos são ações de outras companhias de capital aberto;
   c) sua estrutura de capital permite a entrada de sócios estrangeiros;
   d) suas ações são negociadas na Bolsa de Valores ou no mercado balcão;
   e) suas ações são propriedade dos sócios fundadores e não estão à venda.

2. **(FCC/Banco do Brasil/2010) A BM&FBovespa S.A. é caracterizada como:**
   a) espaço em que exclusivamente são negociadas ações de emissão de empresas brasileiras;
   b) empresa cujo capital é controlado por sociedades corretoras por meio de títulos patrimoniais;
   c) entidade sem fins lucrativos, com autonomia administrativa, financeira e patrimonial;
   d) empresa constituída para possibilitar a negociação de ações por meio do sistema *home broker*;
   e) companhia aberta cujas ações são transacionadas em seu próprio ambiente de negociação.

3. **(FCC/Banco do Brasil/2010) As operações para financiamento do capital de giro das empresas vêm sendo preferencialmente formalizadas por meio de Cédula de Crédito Bancário – CCB, que proporciona:**
   a) a promessa de pagamento mediante conferência de bens;
   b) a efetividade processual de um título executivo judicial;
   c) a garantia do Fundo Garantidor de Crédito – FGC;
   d) a dispensa de custódia do título na respectiva instituição financeira;
   e) a negociabilidade do certificado no mercado secundário.

4. **(FCC/Banco do Brasil/2006) São vários os cuidados estabelecidos para a preservação do bom funcionamento do mercado de capitais. No Brasil, uma das condições estabelecidas para os valores mobiliários é que:**
   a) sua emissão pública se dá exclusivamente por companhias fechadas;
   b) o Banco Central do Brasil determina a suspensão da emissão pública que esteja se processando em desacordo com a lei;
   c) nenhuma emissão pública ocorre sem prévio registro na Comissão de Valores Mobiliários;
   d) não podem ser negociados no mercado secundário;
   e) não abrangem as cotas de fundos de investimento em valores mobiliários.

5. **(FCC/Banco do Brasil/2006) No mercado de capitais as ações se destacam como um dos valores mobiliários mais atraentes, podendo ser negociadas:**
   a) somente no mercado secundário, pois o mercado primário alcança apenas os títulos públicos federais;

b) no mercado secundário, sendo as bolsas de valores um exemplo adequado;
c) no mercado secundário, através do qual a companhia emissora obtém recursos originais para investimentos;
d) no mercado primário, cujo desempenho não se vincula às condições do mercado secundário;
e) sob prévia autorização do Banco Central do Brasil.

Gabarito:

1. D
2. E
3. E
4. C
5. B

15.11. BOLSAS DE VALORES E MERCADO DE AÇÕES

1. (FCC/Banco do Brasil/2010) As debêntures, segundo a Lei nº 6.404/1976, são títulos nominativos ou escriturais emitidos por sociedades por ações. Asseguram ao seu titular direito de crédito contra a companhia emissora e:

a) devem ser registradas para negociação em Bolsa de Valores;
b) podem ser emitidas por bancos de investimento;
c) são adquiridas por investidores no mercado internacional;
d) podem ser emitidas pelo prazo máximo de 360 dias;
e) têm as suas garantias, se houver, especificadas na escritura de emissão.

2. (FCC/Banco do Brasil/2006) É pessoa jurídica autorizada a operar apenas posições compradoras de taxas flutuantes:

a) corretora de títulos e valores mobiliários;
b) banco múltiplo;
c) banco de investimento;
d) banco comercial;
e) sociedade de poupança e empréstimo.

3. (FCC/Banco do Brasil/2006) A liquidação das negociações com ações no mercado à vista da Bolsa de Valores de São Paulo é realizada:

a) pela própria Bolsa de Valores de São Paulo;
b) com o pagamento do comprador diretamente ao vendedor, em cheque;
c) fora do Sistema de Pagamentos Brasileiro;
d) pela Companhia Brasileira de Liquidação e Custódia – CBLC;
e) de modo a não possibilitar a identificação do investidor final das operações realizadas.

4. (FCC/Banco do Brasil/2006) O Brasil vem presenciando nos últimos anos um ambiente favorável à emissão de debêntures. Sobre tais títulos, é correto afirmar que:

a) são valores mobiliários representativos de dívida de médio e longo prazos;
b) correspondem a ativos das empresas emitentes, para vencimento geralmente de curto e médio prazos;
c) somente as companhias fechadas podem efetuar emissões públicas;
d) não podem ser conversíveis em ações, pois são títulos de dívida;
e) não podem ser negociadas no mercado secundário.

Gabarito:

1. E
2. A
3. D
4. A

15.12. DERIVATIVOS

1. **(FCC/Banco do Brasil/2006) Analise:**

Um importador de produtos eletrônicos, temendo __I__ do real, deve __II__ contratos futuros de dólar na BM&F, assumindo uma posição __III__ no mercado futuro.

Preenchem correta e respectivamente as lacunas I, II e III acima:

	I	II	III
a)	valorização	vender	*long*
b)	valorização	comprar	*short*
c)	desvalorização	vender	*short*
d)	desvalorização	comprar	*long*
e)	desvalorização	vender	*long*

2. **(FCC/Banco do Brasil/2006) As empresas ABC e XYZ negociaram um contrato de *swap* e pactuaram as seguintes condições:**

I. Valor de principal: R$ 1.000.000,00.
II. A empresa ABC ficou passiva na taxa de variação cambial, acrescida de juros de 0,5% a.m., sob o regime de capitalização simples.
III. A empresa XYZ ficou passiva na taxa acumulada de Depósitos Interbancários – DI.
IV. O contrato tem vencimento em 1 ano.

Sabe-se que, no período, a taxa de câmbio desvalorizou 10%, a taxa acumulada dos depósitos interbancários foi de 18,6% e que nesta operação incide imposto de renda à alíquota de 20%. É correto afirmar que a empresa:

a) ABC terá um ganho líquido de R$ 16.000,00;
b) XYZ terá um ganho líquido de R$ 16.000,00;
c) ABC terá um ganho líquido de R$ 20.000,00;
d) XYZ terá um ganho líquido de R$ 20.000,00;
e) XYZ terá um ganho bruto de R$ 20.000,00.

3. (FCC/Banco do Brasil/2006) Derivativos são instrumentos financeiros que se originam do valor de outro ativo, tido como ativo de referência. As transações com derivativos são realizadas no mercado futuro, a termo, de opções e *swaps*, entre outros. Os *swaps* são:

a) ativos garantidores de operações em moeda estrangeira, adquiridos mediante a troca de ações, direitos e obrigações entre duas partes;
b) ativos que podem ser comprados por uma empresa investidora com o intuito de se proteger de uma eventual redução de preços de outro ativo da mesma carteira de investimento;
c) direitos adquiridos de comprar ou vender um ativo em uma determinada data por preço e condições previamente acertados entre as partes envolvidas na negociação;
d) acordos de compra e venda de ativos para serem entregues em uma data futura, a um preço previamente estabelecido, sem reajustes periódicos;
e) acordos entre duas partes que preveem a troca de obrigações de pagamentos periódicos ou fluxos de caixa futuros por um certo período de tempo, obedecendo a uma metodologia de cálculo predefinida.

4. (FCC/Banco do Brasil/2010) Os contratos negociados nos mercados futuros são caracterizados:

a) pelas diferenças de preços ajustadas diariamente;
b) pelas cláusulas redigidas de acordo com a conveniência das partes;
c) pela padronização quando as partes são instituições financeiras;
d) pela dispensa da prestação de garantias pelas partes;
e) pelas diferenças de preços ajustadas no vencimento.

5. (FCC/Banco do Brasil/2010) Dentre as diversas modalidades de operações com derivativos, a aquisição de uma opção de compra (*Call*):

a) exige o depósito de garantia em títulos;
b) obriga o titular a permanecer no mercado até o vencimento;
c) possibilita investimento no ativo objeto por uma fração de seu preço no mercado à vista;
d) impede a aquisição de mais de uma série do mesmo ativo objeto;
e) expõe o titular a chamadas de margem em dinheiro.

6. (FCC/Banco do Brasil/2010) Quando são transacionados contratos futuros na BM&F, há a exigência do depósito de .... para cobrir perdas que uma das contrapartes possa incorrer. Preenche corretamente a lacuna acima:

a) uma margem;
b) taxas de carregamento;
c) R$ 1.000,00;
d) 100% do valor do contrato;
e) emolumentos.

7. **(FCC/Banco do Brasil/2006) Um investidor que compra uma opção de venda passa a ter:**
   a) o direito de comprar o ativo objeto da opção a um preço predeterminado chamado preço de exercício;
   b) a obrigação de vender o ativo objeto da opção a um preço predeterminado chamado preço de exercício;
   c) o direito de vender o ativo objeto da opção a um preço predeterminado chamado preço de exercício;
   d) a obrigação de comprar o ativo objeto da opção a um preço predeterminado chamado preço de exercício;
   e) a obrigação de vender o ativo objeto da opção ao preço de mercado.

8. **(FCC/Banco do Brasil/2006) Um produtor agrícola que vende sua produção no mercado interno e deseja se proteger de eventuais __I__ de preço no período de safra poderá celebrar um contrato a termo em que se compromete a __II__ certa quantidade do produto a preço predeterminado. Preenchem correta e respectivamente as lacunas I e II acima:**
   a) quedas; comprar;
   b) elevações; comprar;
   c) elevações; vender;
   d) oscilações; comprar;
   e) quedas; vender.

Gabarito:

1. D
2. A
3. E
4. A
5. C
6. A
7. C
8. E

15.13. CÂMBIO

1. **(FCC/Banco do Brasil/2006) Os custos de operação do Sistema Integrado de Comércio Exterior (SISCOMEX) são financiados por:**
   a) uma parcela da arrecadação do Imposto de Importação;
   b) um fundo constituído pela cobrança de selos nos cigarros produzidos no Brasil;
   c) recursos angariados pelo leilão de mercadorias sujeitas à pena de perdimento;
   d) uma taxa de utilização do sistema, que é administrada pela Secretaria da Receita Federal;
   e) recursos provenientes da arrecadação do Imposto sobre Operações Financeiras.

2. **(FCC/Banco do Brasil/2010) No mercado de câmbio no Brasil são realizadas operações:**
   a) no mercado à vista apenas por pessoa jurídica;
   b) pelos agentes autorizados pelo Banco Central do Brasil;
   c) dispensadas da regulamentação e fiscalização pelo Banco Central do Brasil;
   d) no segmento flutuante, relativo à importação e exportação de mercadorias e serviços;
   e) de troca de moeda nacional exclusivamente pelo dólar norte-americano ou vice-versa.

3. **(FCC/Banco do Brasil/2006) A gestão do Siscomex é de competência do:**
   a) Secretário de Política Econômica do Ministério da Fazenda;
   b) Secretário da Receita Federal;
   c) Coordenador Geral do Sistema Aduaneiro – Coana;
   d) Coordenador Geral do Sistema de Tributação – Cosit;
   e) Superintendente Regional da Receita Federal, no âmbito de sua Região Fiscal.

4. **(FCC/Banco do Brasil/2006) O contrato de câmbio:**
   a) é um ato unilateral e não oneroso;
   b) tem por objetivo a compra ou a venda de moeda estrangeira;
   c) implica a entrega de moeda estrangeira ao exportador;
   d) não tem prazo limite para sua liquidação;
   e) implica a concessão de bonificações ao importador.

5. **(FCC/Banco do Brasil/2006) Um operador de câmbio toma conhecimento de que a cotação do marco alemão na praça de Nova York é quarenta centavos do dólar norte-americano e que a cotação desse último na praça de Hamburgo é quarenta e três centavos para cada marco alemão. Ao efetuar a operação de arbitragem direta no valor de 200 mil marcos alemães, este operador terá um lucro, em dólares americanos, desconsiderando-se os custos das transações, no valor de:**
   a) 4.600;
   b) 4.800;
   c) 5.200;
   d) 5.600;
   e) 6.000.

6. **(FCC/Banco do Brasil/2006) Em relação ao mercado de câmbio, é correto afirmar que:**
   a) o ingresso ou saída de capitais estrangeiros no país não influencia o valor da taxa de câmbio;
   b) é condição necessária, para que a política de câmbio flexível praticada pelo Banco Central tenha credibilidade, que o país tenha um elevado volume de reservas internacionais;
   c) o Banco Central do Brasil não intervém no mercado de câmbio, deixando que a cotação do dólar flutue livremente;

d) a taxa de câmbio, no Brasil, é definida como o preço da divisa estrangeira expressa em moeda nacional;
e) os importadores são ofertantes nesse mercado.

7. (FCC/Banco do Brasil/2006) A empresa Exporta Tudo acaba de fechar mais um contrato de exportação, mas precisa de um financiamento para comprar as matérias-primas e produzir os bens negociados. A operação por meio da qual o banco poderá viabilizar esse financiamento para a Exporta Tudo recebe a denominação de:

a) Assunção de Dívida.
b) Adiantamento sobre Contratos de Câmbio (ACC).
c) Swap.
d) Hedge sem Caixa.
e) Debêntures.

Gabarito:

1. D
2. B
3. C
4. B
5. E
6. D
7. B

Bibliografia

CAVALCANTE FILHO, Francisco da Silva; MISUMI, Jorge Yoshio. *Mercados de Capitais*. 2ª edição. Rio de Janeiro: Campus/Elsevier, 2002.

FERREIRA, Luiz Francisco Rogé. *Mercado de Opções – A estratégia vencedora*. São Paulo: Saraiva, 2009.

HULL, John C. *Fundamentos dos Mercados Futuros e de Opções*. 4ª edição. São Paulo: Bolsa de Mercadorias e Futuros, 2005.

SANTOS, José Evaristo dos. *Mercado Financeiro Brasileiro*. São Paulo: Atlas, 1999.

SILVA NETO, Lauro de Araújo. *Derivativos*. 4ª edição. São Paulo: Atlas, 2002.

Acreditamos que sua resposta nos ajuda a aperfeiçoar continuamente nosso trabalho para atendê-lo(la) melhor e aos outros leitores. Por favor, preencha o formulário abaixo e envie pelos correios. Agradecemos sua colaboração.

Seu Nome: ____________________

Sexo: ☐ Feminino ☐ Masculino CPF: ____________________

Endereço: ____________________

E-mail: ____________________

Curso ou Profissão: ____________________

Ano/Período em que estuda: ____________________

Livro adquirido e autor: ____________________

Como ficou conhecendo este livro?

- ☐ Mala direta
- ☐ E-mail da Elsevier
- ☐ Recomendação de amigo
- ☐ Anúncio (onde?) ____________________
- ☐ Recomendação de seu professor?
- ☐ Site (qual?) ____________________
- ☐ Resenha jornal ou revista
- ☐ Evento (qual?) ____________________
- ☐ Outro (qual?) ____________________

Onde costuma comprar livros?

- ☐ Internet (qual site?) ____________________
- ☐ Livrarias ☐ Feiras e eventos ☐ Mala direta

☐ Quero receber informações e ofertas especiais sobre livros da Elsevier e Parceiros

Cartão Resposta
050120048-7/2003-DR/RJ
Elsevier Editora Ltda
CORREIOS

ELSEVIER

SAC ELSEVIER | 0800 026 53 40
sac@elsevier.com.br

CARTÃO RESPOSTA

Não é necessário selar

O SELO SERÁ PAGO POR

Elsevier Editora Ltda

20299-999 - Rio de Janeiro - RJ

Qual(is) o(s) conteúdo(s) de seu interesse?

Jurídico - ☐ Livros Profissionais ☐ Livros Universitários ☐ OAB ☐ Teoria Geral e Filosofia do Direito

Educação & Referência - ☐ Comportamento ☐ Desenvolvimento Sustentável ☐ Dicionários e Enciclopédias ☐ Divulgação Científica ☐ Educação Familiar ☐ Finanças Pessoais ☐ Idiomas ☐ Interesse Geral ☐ Motivação ☐ Qualidade de Vida ☐ Sociedade e Política

Negócios - ☐ Administração/Gestão Empresarial ☐ Biografias ☐ Carreira e Liderança Empresariais ☐ E-Business ☐ Estratégia ☐ Light Business ☐ Marketing/Vendas ☐ RH/Gestão de Pessoas ☐ Tecnologia

Concursos - ☐ Administração Pública e Orçamento ☐ Ciências ☐ Contabilidade ☐ Dicas e Técnicas de Estudo ☐ Informática ☐ Jurídico Exatas ☐ Língua Estrangeira ☐ Língua Portuguesa ☐ Outros

Universitário - ☐ Administração ☐ Ciências Políticas ☐ Computação ☐ Comunicação ☐ Economia ☐ Engenharia ☐ Estatística ☐ Finanças ☐ Física ☐ História ☐ Psicologia ☐ Relações Internacionais ☐ Turismo

Áreas da Saúde - ☐ Anestesia ☐ Bioética ☐ Cardiologia ☐ Ciências Básicas ☐ Cirurgia ☐ Cirurgia Plástica ☐ Cirurgia Vascular e Endovascular ☐ Dermatologia ☐ Ecocardiologia ☐ Eletrocardiologia ☐ Emergência ☐ Enfermagem ☐ Fisioterapia ☐ Genética Médica ☐ Ginecologia e Obstetrícia ☐ Imunologia Clínica ☐ Medicina Baseada em Evidências ☐ Neurologia ☐ Odontologia ☐ Oftalmologia ☐ Ortopedia ☐ Pediatria ☐ Radiologia ☐ Terapia Intensiva ☐ Urologia ☐ Veterinária

Outras Áreas - ______________________________

Tem algum comentário sobre este livro que deseja compartilhar conosco?

____

Este livro foi impresso nas oficinas gráficas da Editora Vozes Ltda.,
Rua Frei Luís, 100 – Petrópolis, RJ.